Cómo conquistar la angustia, el miedo y la preocupación
para vivir en un ritmo de paz y contentamiento

vivir sin
ANSIEDAD

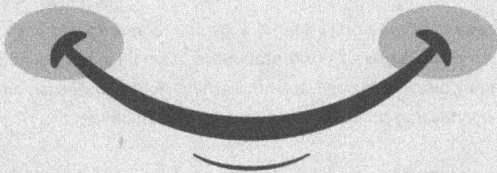

JA PÉREZ

— DE LA SERIE —

MATANDO
A LOS
DRAGONES

VIVIR SIN ANSIEDAD:
Cómo conquistar la angustia, el miedo y la preocupación para vivir en un ritmo de paz y contentamiento

Tisbita Publishing House

Puede encontrarnos en la red en: www.tisbita.com
Reportar errores de imprenta a errata@tisbita.com
Contactar al autor en: www.japerez.com

TISBITA
HOUSE

ISBN: 978-1947193260

Printed in the U.S.A.

AGRADECIMIENTOS

A mi Dios, por todo. A mi esposa e hijos, quienes pacientemente me prestan de su tiempo para escribir. A mi equipo por su ardua labor en todo trabajo literario. A mi madre por su ayuda en las correcciones al manuscrito. A nuestros dos hermosos gatos que fielmente me acompañan mientras escribo.

DEDICACIÓN

*Este humilde volumen es dedicado a
ti que luchas con la ansiedad.
Es mi oración que estas páginas
puedan revelarte como la ansiedad
pudiera ser el instrumento más
poderoso que Dios use para traerte a
una vida de continua paz —la paz que
sobrepasa todo entendimiento.*

Serie: Matando a los Dragones

Venciendo la Ansiedad

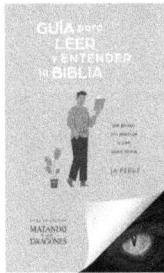

Esta serie de libros es basada en el volumen completo: *Matando a los Dragones: De la ansiedad a la paz que sobrepasa todo entendimiento*, la serie incluye el *manual interactivo* y curso titulado *Venciendo la Ansiedad* en la *Red de Desarrollo Bíblico* en: https://desarrollo.japerez.com

CONTENIDO

Matando al dragón de la presión social

Matando al dragón de rendimiento

Disciplinas y rituales

————————

NOTA IMPORTANTE

Al escribir sobre la ansiedad en este libro, lo hago de acuerdo a mi experiencia de vida, entendimiento teológico y relación con Dios.

No estoy estableciendo definiciones médicas o científicas.

Los consejos espirituales no están dirigidos a reemplazar de ninguna forma la atención profesional de psicólogos, psiquiatras y expertos en la materia —especialmente en depresión y ansiedad diagnosticados clínicamente.

Por eso siempre digo a mis lectores y audiencia que busquen ayuda profesional en todo lo que sea posible.

Aún así, en esta jornada, confío que muchos se identifiquen conmigo y pudieran en estos textos encontrar ayuda, pero no pretendo usurpar el lugar que sólo médicos y científicos pueden ocupar.

La ansiedad es como un dragón y tiene varias
cabezas. Asomará cada una de esas cabezas en
diferentes momentos de nuestra vida,
a veces en un mismo día.
Pero lo dragones no son inmortales. Existen
cazadores de dragones y armas poderosas y
específicas que les pueden hacer caer.
Alguien dijo que los dragones no existen. Dígale
esto a alguien que ha padecido de ansiedad. Otros
dicen que los dragones son figuras de nuestra
imaginación. Es posible. Pero en nuestra mente
pueden ser muy reales. Dragones como el miedo,
la preocupación, el pánico —todo está en la mente,
pero eso no los hace menos reales.
La ansiedad es real. También el Dios que nos creó.
El conoce nuestras más profundas luchas y Él es
mucho más real que la ansiedad.
Él es tan poderoso que en Su soberanía puede usar
hasta la ansiedad para atraernos a Él, por amor a Sí
mismo y para gloria de
Su santo nombre.

INTRODUCCIÓN

La ansiedad es uno de los mejores regalos que he recibido en mi vida. Ha sido el instrumento que Dios ha usado para llevarme a descubrir la paz que sobrepasa todo entendimiento.

Mis batallas con la ansiedad me han empujado a buscar a Dios, y en medio de estas, he experimentado las mayores alegrías y la mayor cercanía a mi Padre celestial.

Depender de Él no es opcional para mí. Lo necesito, aún para las cosas más básicas —cosas que la mayoría de las personas pueden lograr por sí mismas, y que para mí son desafíos.

Cosas como subir a un avión o registrarme en un hotel en una ciudad donde no conozco a nadie. Cosas como salir a comer con amigos en una ciudad lejos de casa con los recuerdos de las muchas veces que tuve infecciones estomacales o bacterias en países como Haití, Brasil o Ecuador y tuve que ingresar a un hospital.

Sí. A veces en situaciones como esas, he tenido manos frías y sudorosas, sentimientos de pánico, miedo e inquietud, dolor en el pecho y palpitaciones del corazón, todo al mismo tiempo y en medio de todo esto, he aprendido a acercarme a Dios, depender de Él y buscar consuelo en Su palabra.

He aprendido a observar cómo todas las luchas son temporales mientras Dios y Su palabra son eternos; y eso me ha ayudado a tener una perspectiva eterna de las cosas.

Ya no oro para que Dios me quite la ansiedad. He aprendido a agradecerle por ello, porque la alegría que proviene de la continua dependencia de Dios es incomparable con todo lo que esta tierra tiene para ofrecer.

En medio de todo esto, con todas mis debilidades, luchas e imperfecciones, he visto las bendiciones de Dios derramarse sobre nuestra familia y ministerio en varios niveles. He visto cómo el mensaje de Cristo —por medio de los libros, festivales o misiones humanitarias— sigue extendiéndose a nuevas familias y ciudades con grandes necesidades en nuestra amada América Latina.

Siempre me sorprende cómo Dios puede usar personas imperfectas. Estos son sus tesoros en vasos de barro, para que la excelencia sea de Él y no de hombre.

Estimado lector. Creo que no soy la única persona que se ha enfrentado a la ansiedad y también creo que mi viaje pudiera ser de aliento para muchos.

Hay esperanza. Puedes acercarte a tu Dios. Él puede hacer que tu camino sea alegre y fructífero.

Es mi oración que este libro revele a tu vida como la ansiedad pudiera ser el instrumento más poderoso que Dios use para traerte a una vida de continua paz —la paz que sobrepasa todo entendimiento.

MI SECRETO

*Mi batalla de toda la vida con la
ansiedad y por qué es uno de los mejores regalos que
he recibido*

1

KINDERGARTEN

En el momento en que escribo esto, estoy a pocos meses de cumplir 59 años de edad. La ansiedad para mí ha sido una lucha de toda la vida.

Recuerdo cuando tenía 5 años lo difícil que era para mí ir al kindergarten. Todas las mañanas, cuando mis padres me despertaban para prepararme para la escuela, comenzaba a sudar, iba al baño y vomitaba, a pesar de que no había comido nada. Recuerdo el miedo y los sentimientos de desesperación. Tenía miedo ir a la escuela. Una vez en la escuela, lloraba, hasta que mi tío Paco venía a recogerme.

Un día, después de estar dos meses en la escuela, salté la cerca de la escuela y me fui a casa. Todos fueron a buscarme. Mi abuelo, mi tío, el maestro, los vecinos.

Un par de horas después, me encontraron. No recuerdo los detalles específicos, pero recuerdo que había decidido que no volvería a la escuela.

Y no pudieron obligarme. Mi relación con el kindergarten había terminado.

Algunos miembros de la familia dirían que solo

era un niño mimado. Que todo lo que necesitaba era un par de nalgadas y que me llevaran a la escuela y me obligaran a permanecer allí como todos los demás niños, pero mis padres sabían que mi lucha era más allá que la de un niño que extrañaba a sus padres mientras estaba en la escuela.

Sí. Al comenzar el año, mis padres me llevaron y me dejaron allí, y mi lucha fue diaria durante dos meses, lo que sugirió que algo andaba mal. Mis padres hicieron lo mejor que pudieron, sin saber cuál era el problema. Pero después del día que salté la cerca de la escuela y me escapé, ellos entendieron que algo andaba mal y no me obligaron a permanecer en la escuela ese año.

Luego, cuando cumplí 6 años, mis padres me llevaron de regreso y comencé el 1er grado. En el 1er grado tuve una buena maestra. Se llamaba Miguelina y era muy dulce. En primer grado hice buenos amigos que han permanecido mis mejores amistades durante toda mi vida. Amistades sólidas que aún permanecen después de 5 décadas.

La escuela en nuestra pequeña aldea tenía un ambiente saludable. Todas las familias se conocían. Eso, y la paciencia y el amor de la maestra hicieron posible que me quedara en la escuela, sin embargo, todavía tenía los mismos síntomas y atravesaba las mismas dificultades todas las mañanas.

Crecí y durante muchos años no supe qué era. No tenía nombre para eso, pero las emociones eran muy reales.

Hoy (y para gloria de Dios) puedo decir que me

siento una persona realizada. He sido bendecido con una buena esposa. Hemos estado casados por 30 años (al escribir este libro) y tenemos 3 hermosos hijos. Nuestros dos hijos varones son graduados universitarios y nuestra hija está en este momento en la universidad. Todos aman al Señor y son muy activos con mi esposa y yo en el ministerio.

Este año (2020) celebro 39 años en el ministerio, la mayoría en misiones. Dios nos ha bendecido tremendamente. Hemos viajado por el continente durante años celebrando cruzadas, festivales en estadios y sirviendo a los más pobres en países del tercer mundo con misiones humanitarias. También recibo invitaciones periódicamente para hablar en conferencias de líderes ministeriales y empresariales y paso gran parte de mi tiempo haciendo lo que más me gusta: «escribir libros».

Dios nos ha rodeado de buenas amistades, que nos aman, algunos de ellos mis héroes en la fe y nos ha permitido desarrollar relaciones ministeriales con hombres y mujeres en posiciones de autoridad en toda nuestra América.

En pocas palabras, puedo decir que he vivido una vida bastante normal, llena de logros y muchas recompensas en lo que corresponde a esta tierra. No me puedo quejar.

Aún así, a menudo lucho con los mismos sentimientos que tenía cuando era niño, aunque ha sido en los últimos años que he llegado a comprender lo que realmente es por su nombre... y no es un nombre bonito. Su nombre es Ansiedad.

2

Rompiendo el silencio

*¿Por qué he esperado tanto tiempo para
hablar públicamente sobre esto y por qué he
decidido hacerlo ahora?*

Soy un hombre de fe. He servido a Dios desde que tenía 19 años de edad. Dios ha confiado en mí un ministerio y he estado hablando a miles cada año. En eventos masivos y en entornos íntimos, he podido (por la gracia de Dios), guiar a miles a una relación personal con Jesucristo.

¡Pero espera —tu podrías decir— hay una contradicción!

¿Cómo puedes decir que eres un hombre de fe y al mismo tiempo luchar con la ansiedad? ¿No es fe lo opuesto al miedo?

¿No dice la Biblia: «No estéis ansiosos por nada»?

¿Estás seguro de que eres cristiano?

Sí, sí y sí.

¡Tienes razón!

Es una contradicción. Y sí, soy un hombre de fe. Y sí, soy cristiano. Y es exactamente eso, lo que me mantuvo en silencio durante años.

He orado y le he pedido a Dios durante años que me quite la lucha con la ansiedad. He confiado en Él, sabiendo que nada es imposible para Él.

Sin embargo, de la misma manera que hemos visto cómo Dios ha bendecido a muchos como resultado de nuestra obediencia de ir a todas las naciones y predicar el Evangelio ... ha sido esa oración precisamente la que nunca ha sido contestada —o quizá, la que ha sido contestada pero no de la manera que yo esperaba.

De hecho, a veces ha empeorado.

Podrías decir: «Tal vez no tienes suficiente fe», y es posible que tengas razón.

Aún así, en este «mi viaje», he llegado a descubrir una gran bendición que ha llegado a mi vida por el camino de la ansiedad, y que quiero compartir con ustedes más adelante en este libro.

Esa bendición es quizá la razón principal por la que hago pública mi lucha de vida con la ansiedad, ya que sé que va a bendecir a muchos que han estado en mi posición, pero primero, permítanme compartir con ustedes por qué guardé silencio por tantos años.

3

MÁSCARAS

En los círculos confesionales de donde vengo, se supone que un seguidor de Jesús no muestra signos de debilidad, y mucho menos un «ministro del Evangelio».

He escuchado a muchos predicadores decir desde el púlpito que la depresión es un pecado y que sólo «los no cristianos pueden tener batallas con la depresión».

Si usted es un «verdadero cristiano» (según ellos) y tiene su confianza y fe en Dios, entonces no hay lugar para la depresión (o ansiedad). Si estás deprimido (dicen), es porque «no tienes suficiente fe», por lo que toda tu relación con Dios se pone en tela de juicio.

Es por miedo a ser juzgado, que durante años no me atreví a hablar con nadie sobre mis miedos, mis luchas, mi tristeza.

Después de todo, soy un hombre de fe. ¿Por qué aceptaría esos sentimientos? Debería rechazarlos, bloquearlos, reprenderlos. ¿Cierto?

Quizá la otra razón para guardar silencio tantos años fue «el miedo al rechazo».

La religión y las personas religiosas pueden ser realmente crueles y críticas.

Un evangelista itinerante que muestra signos de duda o incertidumbre podría significar directamente «puertas cerradas».

Si invitas a un predicador a venir a predicar una campaña de avivamiento en tu iglesia, seguro que querrás un hombre de fe. Uno que ora por los enfermos y reciben sanidad. Un hombre de fe y poder, que nunca duda de nada y puede ser un buen ejemplo de fortaleza espiritual para que otros lo sigan. ¿Cierto?

Hay muchas razones lógicas en cuanto a por qué un predicador que lucha con ansiedad debería mejor guardarlo para sí mismo en secreto.

Además de eso, agregue el estigma que nuestra sociedad tiene sobre las enfermedades mentales.

Incluso en círculos no cristianos, salir y decir que luchas con ansiedad o depresión puede cambiar la percepción que otros tienen de ti y eso puede ser malo para los negocios —una de las razones por las cuales las personas en nuestra sociedad prefieren callar y no mostrar sus luchas.

Usamos máscaras, proyectamos algo que no somos.

Esto es triste, porque el silencio nos encierra en prisiones.

Es triste para la sociedad en general y también es triste cuando aquellos que servimos al Señor tenemos que escondernos detrás de una fachada de fortaleza y perfección.

Con razón, muchos ven a los ministros de sus iglesias como a superhumanos. Gente que no tiene debilidad. Así los subimos en pedestales y les obligamos a vivir a la altura de una regla que nadie puede sostener. Tarde o temprano, ese ministro tendrá que enfrentar la realidad de su imperfección. Es ahí cuando llega el desgaste, y muchos renuncian al ministerio, prefiriendo vivir libres de ese yugo.

Como Naamán el sirio, cuando alguien ve a ese general, verá la armadura, que brilla, que es impresionante. Así es cuando vemos a ese ministro sobre el púlpito, sus dones brillan, vemos la fortaleza de su carisma. Pero en secreto, Naamán esconde algo debajo de esa brillante armadura. Una imperfección, una debilidad, una enfermedad... en el caso de Naamán, lepra.

En el caso de Naamán, una persona pudo darse cuenta de su lucha secreta. Una sirviente. La sirviente de la esposa de Naamán.

Esta mujer, en lugar de ir y criticar, juzgar y dañar a alguien que ya está herido —como harían muchos de los cristianos en la Iglesia de hoy— fue y buscó una solución llamada «sanidad».

Lo dirigió al profeta que estaba en Samaria —Eliseo. En otras palabras le buscó ayuda.

Creo que el comienzo de nuestra sanidad es cuando salimos del silencio y vamos con alguien a buscar ayuda.

Dice el texto:

> *Y de Siria habían salido bandas armadas, y habían llevado cautiva de la tierra de Israel a una muchacha, la cual servía a la mujer de Naamán. Esta dijo a*

> *su señora: Si rogase mi señor al profeta*
> *que está en Samaria, él lo sanaría de su*
> *lepra. 2 Reyes 5:2,3*

Debido a la presión del juicio, la crítica y desprecio que exhiben los muchos religiosos en el sistema eclesiástico legalista de hoy, muchos sufren en silencio —sin buscar ayuda.

He roto mis lazos con la religión organizada, y debido a esto hoy disfruto del gozo y libertad en Cristo que la religión no me permitía tener. Le insto a leer mi libro: *Jesús Sin Religión*, el cual estoy seguro le ayudará a recibir esta libertad de la que hablo.

En el próximo capítulo le compartiré cómo es que pude salir de mi secreto y es mi oración que estas letras le inspiren a hacer lo mismo mientras juntos marchamos camino a la libertad.

4

Nada que demostrar

*Lo que ahora les digo en la oscuridad,
grítenlo por todas partes cuando llegue
el amanecer. Lo que les susurro al oído,
grítenlo desde las azoteas, para que
todos lo escuchen. Mateo 10:27 (NTV)*

¿Por qué, con todas esas probabilidades en mi
contra, he decidido hablar sobre mi batalla de toda la
vida con la ansiedad?

Estas son las razones por las que hoy te estoy
abriendo mi corazón para decirte lo que ha sido un
secreto de mucho tiempo pero que ahora ya no existe.

*1- Ya no me importa la religión, las denominaciones o lo que
otros puedan pensar o decir.*

Una persona sabia dijo una vez: «la mayor libertad
es no tener nada que demostrar[1]».

*Entonces él les dijo: «A ustedes les
encanta aparecer como personas rectas
en público, pero Dios conoce el corazón.
Lo que este mundo honra es detestable a*

los ojos de Dios». *Lucas 16:15*

Recuerdo cuando el ministerio era una carga pesada. Durante años trabajé duro pensando que tenía que defender y proteger el ministerio que Dios me había dado. Estaba ocupado trabajando en el ministerio todo el tiempo hasta el punto de no tener una vida fuera del mismo. Las actividades fuera del ministerio eran inexistentes. Me perdía de disfrutar muchas de las cosas que Dios tenía para mí vida.

Eso continuó hasta que lentamente comencé a comprender que necesitaba ser liberado de la carga del ministerio para poder servir a Dios libremente.

Hoy, el ministerio ya no es una carga. Mi relación con Dios es más importante que el ministerio.

No tengo que hacer nada para mantener las puertas abiertas. Ese trabajo le pertenece a Dios.

Un pastor amigo mío vino a mí hace unos años y me expresó que quería unirse a nuestro equipo de misiones. En nuestra primera reunión, comenzó a compartir cómo se sentía agotado después de más de 25 años en el ministerio.

Todavía puedo recordar haber visto sus expresiones faciales cuando le dije que para continuar sirviendo a Dios, necesitaba liberarse de la carga del ministerio.

Después de un largo proceso, pudo salir de esa carga y hoy está feliz de servir a Dios en las misiones en América Latina.

Sí, amigos.

Estoy libre de las cargas del ministerio. No necesito

cumplir con las exigencias de tener una buena imagen.

Es por eso que soy libre, para hablar sobre mis luchas.

Ahora, puede cambiar su opinión sobre mí, pero realmente no importa.

Puede dejar de admirarme como un hombre de Dios, pero realmente no importa.

Lo que importa es lo que Dios piensa, y creo que ÉL es quien me da la libertad de hablar.

2- La ansiedad ha sido el instrumento que Dios ha usado para traerme a una vida de paz y contentamiento... y creo que también lo hará con usted.

Mis batallas con la ansiedad me han empujado a buscar a Dios, y en medio de las batallas, he experimentado las mayores alegrías y la mayor cercanía a mi Padre celestial. Depender de Él no es opcional para mí. Lo necesito, aún para las cosas más básicas.

Cosas que la mayoría de las personas pueden lograr por sí mismas, y para mí son desafíos.

Cosas como subir a un avión o registrarme en un hotel en una ciudad donde no conozco a nadie. Cosas como salir a comer con amigos en una ciudad lejos de casa con los recuerdos de las muchas veces que tuve infecciones estomacales o bacterias en países como Haití, Brasil o Ecuador y tuve que ingresar a un hospital.

Sí. A veces en situaciones como esas, he tenido manos frías y sudorosas, sentimientos de pánico, miedo e inquietud, dolor en el pecho y palpitaciones del corazón, todo al mismo tiempo y en medio de todo esto, he aprendido a acercarme a Dios, depender de Él y buscar consuelo en Su palabra.

He aprendido a observar cómo todas las luchas son temporales mientras Dios y Su palabra son eternos; y eso me ha ayudado a tener una perspectiva eterna de las cosas.

Ya no oro para que Dios me quite la ansiedad. He aprendido a agradecerle por ello, porque la alegría que proviene de la continua dependencia de Dios es incomparable con todo lo que esta tierra tiene para ofrecer.

En medio de todo esto, con todas mis debilidades, luchas e imperfecciones, he visto las bendiciones de Dios derramarse sobre nuestra familia y ministerio en varios niveles. He visto cómo el mensaje de Cristo sigue extendiéndose a nuevas ciudades y cómo Dios usa el equipo para llegar a muchas familias con grandes necesidades en nuestra amada América Latina. He visto cómo Dios usa nuestros libros para edificar y equipar a miles para la obra de evangelismo en todas estas naciones.

Siempre me sorprende cómo Dios puede usar personas imperfectas para su gloria y honor.

Amigo. Creo que no soy la única persona que se enfrenta a la ansiedad y también creo que mi viaje puede ser una bendición para muchos.

Tal vez, estás atravesando luchas y batallas similares.

Esa es la razón por la que no guardaré más silencio.

Hay esperanza. Puedes acercarte a tu Dios. Él puede hacer que tu camino sea alegre y fructífero.

Si puede identificarse conmigo en estas cosas, continúe leyendo.

Caminemos juntos este viaje.

MI JORNADA EN FOTOS

A pesar de mi batalla de toda una vida con la ansiedad, he visto las bendiciones de Dios derramarse sobre nuestra familia y ministerio en varios niveles. He visto cómo el mensaje de Cristo —por medio de los libros, festivales o misiones humanitarias— se ha extendido a todo un continente.

Esa bendición es quizá la razón principal por la que hago pública mi lucha, ya que sé que va a bendecir a muchos que han estado en mi posición.

Antes de continuar con los próximos capítulos de este libro, —donde comenzaremos a identificar la fuente de ansiedad en su vida y juntos matar uno por uno a todos los dragones que le han causado tanta angustia— quisiera compartir algo de mi jornada en fotos.

De ninguna manera intento jactarme por haber logrado algo —es Dios en Su misericordia quien ha hecho todo— sin embargo, es mi oración que esta jornada mía, le anime, inspire y llene de esperanza, sabiendo que de la misma manera que Dios ha estado conmigo, estará también con usted.

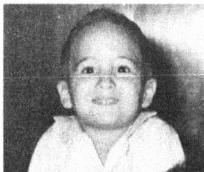

Mi batalla con la ansiedad comenzó muy temprano en mi vida.

De niño tenía miedo ir a la escuela. Un día, después de estar dos meses en la escuela, salté la cerca y me fui a casa.

Había decidido que no volvería.

Y no pudieron obligarme. Mi relación con el kindergarten había terminado.

Siempre, en los años que siguieron, tuve luchas con la ansiedad, aunque el Señor me ayudó y tuve grados altos en cada materia.

Comencé a servir a Dios a los 19 años de edad. Tocaba la guitarra y predicaba en reuniones juveniles. Pronto comencé a viajar como evangelista itinerante, mientras recibía estudios teológicos y me preparaba para las misiones.

En la década de los 80 comencé a producir programas radiales alcanzando a más de 70 naciones. Cuando mi esposa y yo nos casamos, dimos comienzo a una década de campañas bajo carpa y al aire libre.

En esa década de misiones Dios nos bendijo con dos hijos varones. La multitudes seguían creciendo y las campañas eran más en estadios y plazas de toros.

La década que siguió ya de regreso en Estados Unidos plantamos y pastoreamos una iglesia, comencé a escribir libros y Dios nos bendijo con una hermosa hija. Tiempo después, invitaciones comenzaron a llegar de varios países de Latinoamérica y esto nos llevó a una nueva etapa de conferencias para líderes y empresarios mientras la presencia del ministerio crecía en los medios de comunicación.

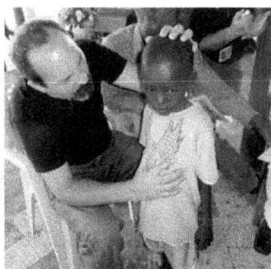

Misiones humanitarias ha sido una de las labores principales de nuestra organización en esta última década. Es un privilegio para mi, viajar con un equipo de gente que ama ayudar a aquellos en extrema necesidad en países del tercer mundo.

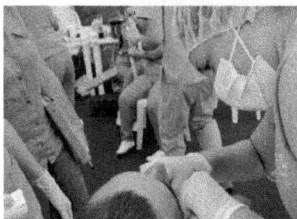

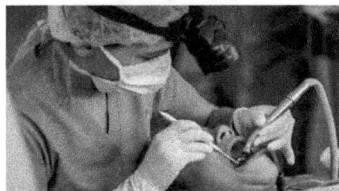

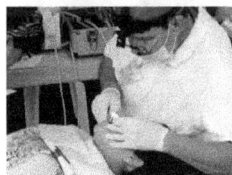

Los festivales y eventos masivos han sido una poderosa plataforma para comunicar esperanza en nuestra América Latina.

Por años, el Señor nos ha permitido ver miles de vidas transformadas con el poder del evangelio. La ansiedad ha sido el instrumento que Dios ha usado para acercarme a Él y depender de Su gracia en todo, aún en las cosas más sencillas.

Cada día me son más reales las palabras que Él le comunicó al apóstol Pablo cuando le dijo: «Bástate mi gracia; porque mi poder se perfecciona en la debilidad».

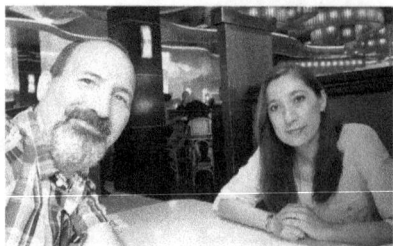

En el momento que se está publicando este libro, mi esposa y yo estamos cumpliendo 30 años de matrimonio. Hemos criado tres hijos y Dios ha sido bueno con nosotros. Estamos agradecidos con Él.

Mi hijo mayor sabe hacer el lechón asado como si hubiera nacido en Cuba y mi hija cabalga desde que tenía 2 años de edad. Montar a caballo es su mejor pasatiempo y es algo que ella y yo hacemos juntos desde que estaba pequeña. Debajo, celebramos momentos, graduaciones y el cumpleaños 80 de su abuela —mi mamá.

Disfruto el tiempo que dedico a estar con mi familia y además de eso, he aprendido a vivir en un ritmo de paz y contentamiento. Disfruto cada momento que Dios me permite estar sobre esta tierra, aún las cosas que pudieran parecer pequeñas.

En mi ritmo de vida, dedico tiempo a la oración y horas diarias al estudio disciplinado de los textos sagrados.

Pero también disfruto un partido de béisbol, jugar ajedrez con mi hermano, comer en familia y celebrar las victorias de mis hijos, ir al teatro con mi esposa o leer un libro de ciencia-ficción.

Mi pasión mayor de todo lo que hago es escribir, pero también salgo a caminar despacio y me tomo el tiempo para sentarme y observar la vida a mi alrededor.

La ansiedad no ha ganado. Vivo una vida muy normal.

Yo creo que Dios puede hacer lo mismo con usted. La ansiedad en su vida puede ser el instrumento que Dios use para traerle a una vida de paz —la paz que sobrepasa todo entendimiento.

Continúe leyendo, y tome nota de todas las cosas y principios que le voy a compartir en los siguientes capítulos. Estoy confiado de que de la misma manera que el Señor lo ha hecho conmigo, también lo hará con usted.

CONOCIÉNDOTE A TI MISMO

5

¿CÓMO CONOCER LA FUENTE DE LA ANSIEDAD EN MI VIDA?

En mi caso, puedo decir que después de años, estudiando y discerniendo, he podido llegar a la conclusión que la ansiedad, en mi vida —y en la vida de muchas de las personas que conozco que han luchado con esta— proviene de dos fuentes. En parte, viene de la inseguridad que es fruto de una visión distorsionada del amor de Dios y su plan para conmigo (es decir, que en esta área el problema es espiritual / emocional) y en la otra parte, química, o lo que es decir algo que se hereda y tiene que ver con los genes.

De igual manera, creo que hay esperanza para encontrar auxilio de parte de Dios en ambos campos.

Dios puede sanarnos espiritual y emocionalmente (espíritu y alma) por medio de la renovación de nuestro entendimiento. Esa sanidad puede venir en forma de paz duradera en nuestro interior. En ese caso, puedo decir que la ansiedad trabajó como el instrumento que me llevó a buscar de Dios y acercarme a Él.

También Él puede sanarnos en la parte química que tiene que ver con nuestro cuerpo (neuronas, sistema nervioso, etc...), Él es El Señor nuestro sanador (Éxodo 15:26).

Sea que nos sane instantánea y sobrenaturalmente, lo cual Él puede hacer (para Dios no hay nada imposible), o que nos sane paulatinamente, aún usando los adelantos médicos, porque la ciencia y la medicina son ramas que también pertenecen a Él.

Es importante decir que no es mi intención generalizar y poner a todos en estas dos categorías. Todos los seres humanos somos diferentes, y por eso siempre digo que busque ayuda profesional en todo lo que sea posible.

Sin embargo, a lo largo de este recorrido, y después de haber ministrado a miles de creyentes en nuestra América Latina, puedo decir que he encontrado que cientos se identifican conmigo y hallan las causas de su ansiedad muy similares a las mías.

Entonces, partiendo desde ese punto, voy a compartir con usted la manera en que Dios ha ministrado a mi vida, primero aprendiendo a conocernos a nosotros mismos, identificando las áreas donde nuestra mente y espíritu han sido dañados.

Si nuestra visión del amor y plan de Dios para con nosotros ha sido distorsionada, entonces la manera de corregir ese daño, es —ya después de haberlo identificado— pasar a conocer lo que la palabra de Dios nos enseña en cuanto a quienes somos en Él, cómo nos ve Dios, y cómo se manifiesta el amor y la aceptación del Padre para con nosotros de manera que podamos asimilar y comprender la visión correcta y Bíblica de todas estas cosas.

Ya después que hayamos conquistado ese territorio en el área de nuestras convicciones, y comenzado a experimentar la aceptación y la paz que Dios trae a nuestra mente por medio de Su gracia, manifestada en Su palabra y esas emociones comiencen a sanar, entonces hablaremos de soluciones pragmáticas en cuanto a esa área que tiene que ver con nuestro ADN natural.

De igual manera creo que es la voluntad de Dios que sus hijos habiten en completa paz —la paz que sobrepasa todo entendimiento. En esa paz donde no existe el temor al futuro.

De esa manera podemos disfrutar de esos ríos de agua viva que Él ha prometido para sus hijos —rios que salen de nuestro interior.

CONOCIENDO A DIOS

6

Una visión distorsionada de Dios

La ansiedad del temor al castigo

Cuando estaba pequeño siempre me amenazaban con la frase: «Dios te va a castigar... si te portas mal, Dios te va a castigar».

Mis antepasados eran gente muy religiosa, y la religión (por el hecho de que está basada en legalismo) presenta a Dios como un ser enojado, esperando que desobedezcas en algo para dejar salir su enojo sobre ti.

¿Ha conocido usted a una de esas personas histéricas y amargadas que explotan por cualquier motivo por pequeño que sea y con el tiempo la gente no se le puede acercar?

Así me imaginaba a Dios.

Crecí con una visión muy distorsionada sobre el carácter de Dios.

Yo crecí con mentalidad de castigo. De pequeño era un niño muy travieso (de esos que siempre están inventando algo), y como siempre estaba haciendo travesuras (impulso que no podía contener), pues siempre viví esperando que Dios me iba a castigar.

Cuando tienes mentalidad de castigo, no puedes

recibir cosas buenas, pues crees que no te las mereces.

De hecho, la expectación de castigo puede traer gran ansiedad (miedo del futuro). Imagínese estar todo el tiempo esperando que Dios le va a castigar. Esto produce miedo al futuro.

La religión produce ansiedad

El sistema religioso reposa sobre una teología confundida que liga principios de ley y gracia. Y estos dos pactos no se pueden ligar, pues uno reemplazó completamente al otro.

> *Al decir: Nuevo pacto, ha dado por viejo al primero; y lo que se da por viejo y se envejece, está próximo a desaparecer. Hebreos 8:13*

> *...a Jesús el Mediador del nuevo pacto, y a la sangre rociada que habla mejor que la de Abel. Hebreos 12:24*

Bajo la ley el hombre debía pagar por su desobediencia.

El concepto de penitencias es basado en ley, entonces cuando haces algo, no tendrás tranquilidad hasta que no hayas pagado por lo que hiciste.

Esto es completamente opuesto a las doctrinas de gracia, pues si Cristo tomó nuestro lugar en la cruz y pagó por mi desobediencia, entonces esto quiere decir que ya yo no tengo que pagarlo. Es una cuenta saldada.

En este libro vamos a aprender a recibir paz y reposo

a la medida que entendemos el valor de la perfecta obra de Cristo consumada en la cruz.

Dios no está enojado

Es cierto que el pecado produce ira, y sí, Dios es Dios de juicio. Sin embargo, nadie jamás pudo satisfacer la demanda de esa ira.

Los sacrificios que hacía el sacerdote bajo la ley de Moisés, no podían resolver el problema, pues las víctimas eran animales imperfectos.

Esto es lo que el escritor de Hebreos dice acerca de la efectividad de esos sacrificios:

> *Lo cual es símbolo para el tiempo presente, según el cual se presentan ofrendas y sacrificios que no pueden hacer perfecto, en cuanto a la conciencia, al que practica ese culto... Hebreos 9:9*

Dice que esos sacrificios no podían hacer «perfecto en cuanto a la conciencia» a los que lo practicaban.

Los rituales, ceremonias y prácticas religiosas te dejarán igual... culpable y con sucia conciencia.

Debemos reconocer y admirar el perfecto sacrificio de Cristo en la cruz, el cual fue suficiente para aplacar la ira del Padre.

Su ira fue vertida sobre su propio hijo en lugar nuestro. El nos libró de su propia ira.

> *....el castigo de nuestra paz fue sobre él... Isaías 53:5*

Cristo fue castigado en tu lugar... no esperes castigo, ya eso sucedió... Hoy espera cosas buenas.

Por eso podemos estar tranquilos... Dios no está enojado con nosotros.

Conciencia de pecado

Si te sientes culpable y crees que no te mereces algo bueno pues has desobedecido a Dios, ya sea por esa falta que cometiste recientemente o mucho tiempo atrás la cual te persigue, y te quita la paz, y te hace creer que no puedes esperar nada de parte de Dios pues Él seguramente estará enojado contigo...

Si continuamente luchas con la memoria de ese pecado cometido que te atrapa y te hace creer que acercarte a Dios y recibir de Él está fuera del regnum de posibilidades.

Entonces, no has entendido el verdadero carácter de Dios.

Estoy seguro que Dios tiene buenos planes contigo y que lo mejor de tu vida en cuanto a tu relación con Él, todavía no ha sucedido.

También creo que Su plan para contigo incluye darte paz y seguridad interior. Él quiere renovar tu espíritu, sanarte, y ponerte en una posición donde de nuevo puedas soñar.

Donde puedas recobrar o desarrollar esa fresca visión del futuro y comiences diariamente a tener en tu vida una gran expectación de cosas buenas.

Para tener una correcta visión en cuanto al carácter de Dios, comenzaremos por entender este inicial y sencillo principio:

> *Para ser libres del problema del pecado, debemos entender que el pecado es un problema resuelto.*

Sí. La obediencia trae buenos frutos.

La obediencia es buena y resulta en buenos dividendos, pero tu obediencia no es suficiente para librarte de los efectos del pecado. Es decir, portándote bien jamás tendrás completa paz.

De la misma manera tu obediencia no te puede salvar, pues si tu obediencia fuera suficiente para salvarte, Cristo no hubiera haber tenido que ir a la Cruz.

La Biblia enseña que fue por la obediencia de Cristo que fuimos salvos.

> *Porque así como por la desobediencia de un hombre los muchos fueron constituidos pecadores, así también por la obediencia de uno, los muchos serán constituidos justos. Romanos 5:19*

Note que justicia vino por la «obediencia de uno» es decir «de Cristo».

Observe el siguiente texto:

> *...y estando en la condición de hombre, se humilló a sí mismo, haciéndose obediente hasta la muerte, y muerte de*

cruz. Fil 2:8

Cristo fue «obediente hasta la muerte» y su perfecta obediencia pudo satisfacer al Padre.

Es por su obediencia que somos justificados

Entonces, no importa que no me merezca algo bueno de parte de Dios, de todas formas, Cristo sí lo merece, y Él lo conquistó para pasármelo a mi.

Así que, yo sencillamente lo recibo, y Dios se complace en que yo lo reciba, pues al recibir algo que no merezco, esto trae agradecimiento a mi corazón.

Amo más porque me ha sido perdonado más.

> *...mas aquel a quien se le perdona poco,*
> *poco ama. Lucas 7:47*

La ley de Moisés te mantenía «sintiéndote pecador».

Los continuos sacrificios no eran lo suficiente para aplacar esa conciencia. Tendría que venir un perfecto sacrificio para que de una vez y por todas resolviese ese problema, pues al ser «limpios una vez» ya deja de existir esa conciencia de pecado.

Veamos el texto:

> *De otra manera cesarían de ofrecerse,*
> *pues los que tributan este culto, limpios*
> *una vez, no tendrían ya más conciencia*
> *de pecado. Hebreos 10:2*

El sacrificio de Cristo en la Cruz, limpió nuestra conciencia de una vez.

> *...pero Cristo, habiendo ofrecido una vez*
> *para siempre un solo sacrificio por los*
> *pecados, se ha sentado a la diestra de*
> *Dios. Hebreos 10:12*

Note que dice: «una vez para siempre un solo sacrificio por los pecados». Es decir, su «único» sacrificio fue suficiente para quitar el problema del pecado.

Si no conocemos esto, continuaremos arre-pintiéndonos y culpándonos por algo que ya Dios resolvió hace 2000 años. Siempre estarás pensando en tu pecado, aunque ya no esté ahí.

Conciencia de pecado nos interrumpe creer que Dios tiene buenas cosas para nosotros. También produce ansiedad, miedo al futuro, especialmente si pensamos que Dios no está de parte nuestra.

Debemos tener un cambio de mentalidad. Ya hemos sido limpiados y tenemos que vernos limpios para poder creer que Dios tiene buen favor para con nosotros.

Culpabilidad

Ambos puntos mencionados anteriormente pro-ducen un sentimiento que puede ser mortal y este es el «Sentimiento de Culpa».

Ya sea (1) expectación de castigo, o (2) conciencia de pecado ambos producen este letal sentimiento, y digo «sentimiento» pues aunque ya no eres «culpable» (pues Cristo llevó tu culpa), si no lo entiendes, aunque esa culpa no esté ahí (ha sido quitada), el sólo hecho de tener ese «sentimiento» produce los daños de igual manera como si la culpa fuese real y pagarás una condena de la cual El Juez ya te ha absuelto.

El sentimiento de culpabilidad atormenta y crea ansiedad e inseguridad en cuanto al futuro.

Pablo nos da los textos que nos aseguran libertad de este letal sentimiento:

> *Bienaventurado el varón a quien el Señor*
> *no inculpa de pecado. Romanos 4:8*

Dos cosas a notar:

1- Si Cristo murió para quitar tu pecado, y ya este fue quitado, entonces «no eres inculpado» o sea «no eres hallado culpable», y esto es una bienaventuranza (bendición) que debes recibir.

2- Lo que mantenía la culpa de tus pecados viva era «la ley» y esta ley ya caducó.

> *Al decir: Nuevo pacto, ha dado por viejo*
> *al primero; y lo que se da por viejo y se*
> *envejece, está próximo a desaparecer.*
> *Hebreos 8:13*

Entonces al no haber ley, no se te puede encontrar culpable, por lo tanto «eres libre».

> *Pues antes de la ley, había pecado en el mundo; pero donde no hay ley, no se inculpa de pecado. Romanos 5:13*

Amado lector, si usted es un hijo de Dios, el problema de su pecado ya ha sido resuelto. Usted puede caminar con una mentalidad de libertad.

Su futuro está seguro en Cristo. Podemos estar tranquilos y eliminar ya toda preocupación en cuanto al futuro.

Recuerde. Dios tiene buenos planes para su futuro.

> *Porque yo sé muy bien los planes que tengo para ustedes —afirma el Señor—, planes de bienestar y no de calamidad, a fin de darles un futuro y una esperanza. Jeremías 29:11 (NVI)*

7

Conociendo el amor del Padre

Pues el Señor tu Dios vive en medio de ti.
Él es un poderoso salvador.
Se deleitará en ti con alegría.
Con su amor calmará todos tus temores.
Se gozará por ti con cantos de
alegría. Sofonías 3:17 (NTV)

Como compartí anteriormente, crecí con una visión distorsionada de Dios. Veía a Dios como un castigador. Alguien que estaba esperando que yo cometiera un error para castigarme. Esto me mantenía ansioso, nunca sabía si me iba a suceder algo, y cuando algo me salía mal, pensaba que Dios me estaba castigando, pues después de todo, me lo merecía.

Además, tenía constantemente este sentimiento de que no importa cuánto esfuerzo hacía por portarme bien, nunca era lo suficiente. En otras palabras, no había manera de complacer a Dios y cumplir todas sus demandas y requerimientos.

Todas estas cosas —esta manera de pensar— forman la receta perfecta para una vida llena de miedos, culpabilidades, inseguridad y angustia.

Sin embargo, mi concepto en cuanto al carácter de Dios estaba muy distorsionado. Ciertamente muy lejos de lo que Su palabra nos enseña.

Vamos a desempacar el texto anterior, pues ese es uno de los textos que Dios ha usado para enseñarme sobre su carácter.

1- Él está conmigo. Vive conmigo.

Dice el texto: «el Señor tu Dios vive en medio de ti».

Es decir que Él no está lejos. No es un Dios distante.

Él ve mis angustias, tristezas, retos, pruebas de muy cerca.

Podemos contar con Él porque está cerca.

> *Nuestro Sumo Sacerdote comprende nuestras debilidades, porque enfrentó todas y cada una de las pruebas que enfrentamos nosotros, sin embargo, él nunca pecó. Así que acerquémonos con toda confianza al trono de la gracia de nuestro Dios. Allí recibiremos su misericordia y encontraremos la gracia que nos ayudará cuando más la necesitemos. Hebreos 4:15,16 (NTV)*

2- Para Él no hay nada imposible.

Dice el texto: «Él es un poderoso salvador».

Dios es poderoso y te puede salvar no solo eternamente, también te puede salvar de cualquier situación.

...porque nada hay imposible para Dios.
Lucas 1:37

3- Se deleita en mi. «Se deleitará en ti con alegría».

Dios está complacido conmigo.

Anda, y come tu pan con gozo, y bebe
tu vino con alegre corazón; porque
tus obras ya son agradables a Dios.
Eclesiastés 9:7

Como dice Salomón, «mis obras ya son agradables a Dios». No tengo que demostrarle nada a Dios. Ya soy aceptado.

...para alabanza de la gloria de su
gracia, con la cual nos hizo aceptos en el
Amado. Efesios 1:6

Sabiendo esto, podemos caminar en paz, tranquilos. Este conocimiento nos quita la ansiedad de querer ganarnos la aceptación y el amor de Dios por medio de nuestros esfuerzos humanos.

4- Por que me ama, calmará todos mis temores. «Con su amor calmará todos tus temores».

Por eso debo concentrarme en el amor de Dios. Que sea su amor el centro de nuestros pensamientos.

Cuando sabes esta realidad de que Dios te ama, los temores del futuro comienzan a desaparecer.

> *...de manera que podemos decir*
> *confiadamente: El Señor es mi ayudador;*
> *no temeré Lo que me pueda hacer el*
> *hombre. Hebreos 13:6*

5- Dios te celebra a ti. Tú le traes gozo. «Se gozará por ti con cantos de alegría».

Te imaginas que tú le produces gozo a Dios. No le produces enojo.

Dios no está enojado contigo.

Teniendo una visión sana del amor de Dios para con nosotros, nos permite avanzar hacia el futuro sin temor.

Recuerda que la ansiedad se puede definir como «miedo al futuro». Puede ser un futuro lejano, o algo que puede suceder en los próximos 5 minutos.

¿Qué puede librarnos de ese temor, ansiedad?

> *En el amor no hay temor, sino que el*
> *perfecto amor echa fuera el temor...*
> *1 Juan 4:18*

Así es. El amor de Dios echa fuera la ansiedad.

ENTRANDO EN UN RITMO DE PAZ

8

Jesús: Príncipe de paz

¿De dónde viene esa paz que nos ofrece Dios?
¿Tenemos algún ejemplo de esa paz?

Responderé a estas dos preguntas de manera que podamos tener una vista previa de lo que viene.

Comencemos por lo primero.

¿De dónde viene esa paz que nos ofrece Dios?

Paz prometida

Paz «en la tierra» fue anunciada antes del nacimiento del Mesías

A parte de traer salvación eterna a todo aquel que en Él cree, parte de la misión de Jesús en su ministerio fue traer paz.

El anunciamiento

Príncipe de paz profetizado

Isaías profetizó que el Mesías que vendría, parte de su nombre es «Príncipe de Paz».

> *Porque un niño nos es nacido, hijo nos es*
> *dado, y el principado sobre su hombro;*
> *y se llamará su nombre Admirable,*
> *Consejero, Dios Fuerte, Padre Eterno,*
> *Príncipe de Paz. Is 9:6*

Este anunciamiento nos dice que Paz es parte de su nombre y por ende la importancia de cuan entrelazado el mensaje de Paz está en Su misión.

El canto de los ángeles

En Lucas, capítulo 2 dice la Biblia que mientras unos pastores guardaban sus rebaños, se les apareció un ángel anunciándoles el nacimiento del Mesías. Dice también que repentinamente apareció con el ángel una multitud de las huestes celestiales, que alababan a Dios, y decían lo siguiente:

> *¡Gloria a Dios en las alturas, Y en la*
> *tierra paz, buena voluntad para con los*
> *hombres! Lc 2:14*

En el canto de los ángeles, paz es de nuevo anunciada ligada al nacimiento de Jesús. Es interesante ver que dice: "en la tierra paz".

Más adelante veremos que es la voluntad de Dios que tu camines en paz, en esta tierra. Es decir, el Señor no sólo nos dió promesa de vida eterna en el cielo, también hizo provisión para que vivamos en paz mientras estamos todavía en esta tierra.

Solo el Príncipe de Paz te puede dar paz

Leámos de nuevo la última parte del texto mencionado antes.

> *...y se llamará su nombre Admirable, Consejero, Dios Fuerte, Padre Eterno, Príncipe de Paz. Is 9:6b*

Ahora note cómo Pablo refiriéndose a Dios, dice: «Dios de paz» o «Señor de paz».

> *Y el Dios de paz aplastará en breve a Satanás bajo vuestros pies. La gracia de nuestro Señor Jesucristo sea con vosotros. Rom 16:20*

> *Y el mismo Señor de paz os dé siempre paz en toda manera. El Señor sea con todos vosotros. 2 Tes 3:16*

Jesús es el Príncipe de Paz y solo Él puede dar paz verdadera.

Ahora responderé a la segunda pregunta.

¿Tenemos algún ejemplo de esa paz?

La respuesta es: Sí.

El mejor ejemplo de una persona que caminó en perfecta paz y libre de prisa lo encontramos en la vida de Jesús.

Jesús sin prisa

Al comenzar su ministerio terrenal, (después de haber esperado por 30 años), su primer acto fue ir al desierto por 40 días. Es decir, Jesús no tenía prisa para entrar en el ministerio. Antes de ministrar, su prioridad principal era pasar tiempo con el Padre y esto lo vemos una y otra vez durante su vida. Jesús practicaba pasar largos tiempos de quietud, en oración y comunión con el Padre celestial.

Cuando comenzó su ministerio, podemos ver como sus hermanos le tentaron a que se apresurara a dar a conocer su ministerio, mas Jesús no salió de su calma.

> *...y le dijeron sus hermanos: Sal de aquí, y vete a Judea, para que también tus discípulos vean las obras que haces. Porque ninguno que procura darse a conocer hace algo en secreto. Si estas cosas haces, manifiéstate al mundo. Porque ni aun sus hermanos creían en él. Entonces Jesús les dijo: Mi tiempo aún no ha llegado, mas vuestro tiempo siempre está presto. Juan 7:3—6*

Note la prisa de sus hermanos. Note que en sus mentes era importante que Jesús se diese a conocer «ninguno que procura darse a conocer». Ellos estaban pensando en publicidad. Si fuera hoy en día, quizá hubieran dicho: «Imprime unos afiches, compra tiempo de anuncios en la radio, etc...».

La respuesta de Jesús: «Mi tiempo aún no ha llegado, mas vuestro tiempo siempre está presto». En otras palabras: «No estoy de prisa, pero ustedes siempre andan de prisa».

Jesús no tenía prisa en su camino a sanar a la hija de Jairo (Mr 5:22—23) o a su amigo Lázaro (Jn 11:1—43).

Tentado a apurarse

Las tentaciones contra Jesús en el desierto consistían en esencia en provocarle a darse prisa y conseguir por sí mismo lo que el Padre había prometido darle en su buen tiempo.

Veamos.

1- «Haz que estas piedras se conviertan en pan» (Lc 4:3,4).

En otras palabras: «Date prisa, come ahora, no esperes a completar el ayuno».

Esta es la tentación a apurarnos a conseguir provisión, cuando Dios es en realidad nuestro proveedor.

La respuesta de Jesús: «No sólo de pan vivirá el hombre, mas de toda palabra que sale de la boca de Dios». Es decir, la provisión viene de Dios.

2- «...le mostró... todos los reinos de la tierra y le dijo el diablo: a tí te daré toda esta potestad y la gloria de ellos...» (Lc 4:5,6).

En otras palabras: «No esperes a que completes tu obra y Dios Padre te de toda potestad». El diablo le estaba tentando a que se apresurara a recibir algo sin ir a la cruz, es decir, fuera del plan del Padre. ¿Qué le estaba ofreciendo? «toda potestad».

Jesús se resistió a esta tentación, y luego vemos que en el tiempo correcto Jesús recibió «toda potestad» de parte del Padre.

> *Y Jesús se acercó y les habló diciendo:*
> *Toda potestad me es dada en el cielo y*
> *en la tierra. Mt 28:18*

3- «Si eres hijo de Dios...» (Lc 4:9).

En otras palabras: «Apresúrate a probar quién eres».

Tu también puedes ser tentado a tratar de probar quién eres. Es una tentación a la prisa. Te saca de tu paz.

Mas adelante le hablaré de la libertad de no tener que demostrarle nada a nadie.

4- «A sus ángeles mandará acerca de ti, que te guarden» (Lc 4:10).

El diablo estaba tentando a Jesús para presionar a Dios Padre a guardar su promesa.

Nosotros no tenemos el derecho de exigir a Dios cuándo y cómo nos cumple promesas. Él es Soberano y cumple Sus promesas en Su tiempo y como Él quiere.

Como pudo leer, Jesús jamás pudo ser sacado de su calma.

Jesús era una persona ecuánime, calmado, tranquilo, sosegado.

Él es el tipo de persona que se acuesta a dormir en medio de una tempestad.

> *Y entrando él en la barca, sus discípulos*
> *le siguieron. Y he aquí que se levantó en*
> *el mar una tempestad tan grande que*
> *las olas cubrían la barca; pero él dormía.*
> *Mt 8:23,24*

Así te convertirás tú si decides caminar con Él y a su paso.

Cuando lee la historia de Pedro, el discípulo de Jesús, al principio de su caminar con El Maestro, usted se encuentra con un Pedro agitado, desesperado, impulsivo.

Este era el discípulo que siempre se apresuraba a responder cualquier pregunta —un hombre de poca paciencia.

Tal era así que cuando vinieron a prender a Jesús, Pedro sacó una espada y le cortó una oreja a uno de los soldados.

> *Entonces Simón Pedro, que tenía una*
> *espada, la desenvainó, e hirió al siervo*
> *del sumo sacerdote, y le cortó la oreja*
> *derecha. Y el siervo se llamaba Malco.*
> *Juan 18:10*

Sin embargo, un tiempo después vemos a un

Pedro transformado.

Después que el Señor fue quitado, Pedro comenzó a predicar y padeció gran persecución.

En una ocasión, Herodes echó mano a algunos de la iglesia para maltratarles. Y mató a espada a Jacobo, hermano de Juan. Luego prendió a Pedro y lo puso en la cárcel. También planeaba matarle después de la Pascua.

Y ¿qué hizo Pedro la noche antes, sabiendo que lo iban a matar en la mañana?

Pedro se acostó a dormir.

> *Y cuando Herodes le iba a sacar, aquella misma noche estaba Pedro durmiendo entre dos soldados, sujeto con dos cadenas, y los guardas delante de la puerta custodiaban la cárcel. Hch 12:6*

Este no es el mismo Pedro de antes. Este es un Pedro transformado, ecuánime, calmado —un Pedro que camina en paz.

De la misma manera que Jesús podía dormir durante la tempestad, este Pedro ya podía dormir, tranquilo, confiado, aunque se esperaba que al próximo día lo iban a matar de la misma manera que ya habían matado a Jacobo el hermano de Juan.

El libro de Los Hechos nos dice que Pedro fue rescatado por un ángel.

> *Y he aquí que se presentó un ángel del*

> *Señor, y una luz resplandeció en la cárcel; y tocando a Pedro en el costado, le despertó, diciendo: Levántate pronto. Y las cadenas se le cayeron de las manos. Hch 12:7*

Esto es lo que hace Dios. Él proveerá una salida si puedes estar tranquilo, en paz.

Estar en paz, sin prisa es algo que se aprende.

De la misma manera que Jesús caminó sobre la tierra en un ritmo de absoluta paz... y de la misma manera que Pedro anduvo en esa paz. Tu también puedes conseguirlo.

Tu puedes ser libre de la prisa que causa ansiedad y caminar en la paz que sobrepasa todo entendimiento.

9

Ritmo de paz

Jesús nos entrega paz

La paz os dejo, mi paz os doy; yo no os la doy como el mundo la da. No se turbe vuestro corazón, ni tenga miedo.
Juan 14:27

En el versículo anterior, Jesús acaba de dar la promesa del Consolador diciendo que Éste era «el Espíritu Santo», a quien el Padre enviaría en su nombre a los creyentes. La misión del Espíritu Santo es consolar, ayudar, guiar a los creyentes una vez que Jesús fuera tomado.

Pero no sólo prometió Jesús que nos iba a dejar al Espíritu Santo cuando Él se hubiese ido, también dijo que nos dejaría «paz». Él dijo «la paz os dejo».

Paz es un regalo, un legado que Jesús nos dejó.

Esa paz que recibimos cuando recibimos el Espíritu Santo, que es el Espíritu de verdad que ahora habita en nosotros.

Entonces, paz debe ser una realidad que llena nuestras vidas, que nos abraza y nos inunda en medio que cualquier situación que podamos estar atravesando.

Note que esta paz que Jesús promete es una paz sobrenatural —no como el mundo la da.

El mundo te puede dar una paz temporal, la cual puedes obtener por medio de técnicas, estrategias, programas, etc... esta paz es pasajera y se desvanece.

La paz que Jesús dá es «completa» y duradera. Sobrepasa todo entendimiento.

> *Y la paz de Dios, que sobrepasa todo entendimiento, guardará vuestros corazones y vuestros pensamientos en Cristo Jesús. Filipenses 4:7*

Entonces paz es algo que ya nos ha sido entregado. Es nuestra. Jesús nos la dió.

A continuación le hablaré de cómo esa paz puede convertirse en un estilo de vida, cómo crecer en ella, y cómo multiplicarla.

¿Por donde comienzo?

Aunque el Señor ha provisto paz para tu vida, al igual que muchos otros beneficios de Su salvación, esto no significa que automáticamente es evidente en tu vida.

Hay que procurarla.

Paz es fruto del Espíritu. De la misma manera que Dios te ha entregado en ese fruto, amor, gozo, bondad...

esto no significa que automáticamente ya andas en ese fruto.

> *Mas el fruto del Espíritu es amor, gozo, paz, paciencia, benignidad, bondad, fe, mansedumbre, templanza; contra tales cosas no hay ley. Gálatas 5:22,23*

Amor, gozo, benignidad ya te han sido dadas, ahora tenemos que aprender a caminar en ello.

¿Cómo procurar esa paz?

Para tener días buenos (un buen futuro) necesitas buscar (procurar) la paz

> *Porque: El que quiere amar la vida Y ver días buenos, Refrene su lengua de mal, Y sus labios no hablen engaño; Apártese del mal, y haga el bien; Busque la paz, y sígala. 1 Pe 3:10,11*

> *Pues las Escrituras dicen: «Si quieres disfrutar de la vida y ver muchos días felices, refrena tu lengua de hablar el mal y tus labios de decir mentiras. Apártate del mal y haz el bien. Busca la paz y esfuérzate por mantenerla. 1 Pe 3:10,11 (NTV)*

Note que el texto dice que busques esa paz. Dice: «Busque la paz, y sígala».

La NTV dice: «Busca la paz y esfuérzate por mantenerla».

Esfuérzate por tenerla, es decir, que toma esfuerzo.

Necesitamos aprender y disciplinadamente crear hábitos. Un ritmo en el que continuamente caminemos en paz.

Paz puede ser multiplicada

Caminar en paz no sólo es algo que se aprende. Una vez que estemos ya caminando en un ritmo de paz, esa paz puede crecer en nosotros, también es algo que se multiplica.

¿Cómo se multiplica?

Veamos el texto.

> *Gracia y paz os sean multiplicadas, en el conocimiento de Dios y de nuestro Señor Jesús. 2 Pe 1:2*

La Reina Valera 1960 dice: «Gracia y paz os sean multiplicadas». Es decir, se multiplica. ¿Cómo se multiplica? El texto dice «en el conocimiento de Dios».

Se multiplica en su conocimiento.

Mientras más conocemos a Dios, más paz tenemos. Me gusta como lo traduce la NTV.

> *Que Dios les dé cada vez más gracia y*
> *paz a medida que crecen en el conoci-*
> *miento de Dios y de Jesús nuestro Señor.*
> *2 Pe 1:2 (NTV)*

Note que dice: «más gracia y paz a medida que crecen en el conocimiento de Dios...».

Entonces ¿cómo se mide la cantidad de paz que tenemos en nuestras vidas?

La medida es cómo «crecemos en el conocimiento de Dios y de Jesús nuestro Señor».

Ahí está la fórmula amado lector.

A medida que conocemos más a Dios, tenemos más paz. Al tener más paz, tenemos menor ansiedad.

Entonces podemos concluir que:

1- Paz se puede multiplicar.

2- Mientras más le conocemos a ÉL, más paz tenemos en nuestras vidas.

¿Cómo podemos conocerle más a Él y crecer en esa paz?

Fija en Jesús tus pensamientos (tu mente).

> *Tú guardarás en completa paz a aquel*
> *cuyo pensamiento en ti persevera;*
> *porque en ti ha confiado. Is 26:3*

> *¡Tú guardarás en perfecta paz a todos*
> *los que confían en ti; a todos los que*
> *concentran en ti sus pensamientos!*
> *Is 26:3 (NTV)*

Le dije al principio de este libro que la ansiedad ha sido en mi vida el medio que Dios ha usado para acercarme a Él.

Para mi, escudriñar las escrituras, fijar mis pensamientos en Jesús, no es un lujo —más bien es una necesidad.

Necesito que mi mente esté llena de Él todo el tiempo.

El texto anterior nos dice que si mi pensamiento persevera (está fijado) en Él, entonces Él me guardará en completa paz.

Amado lector, necesitas que tu mente esté en Dios. ¿Cómo es esto posible?

Por medio de la continua lectura de su palabra.

Los textos sagrados nos muestran el carácter de Dios. Es la manera en que podemos conocerle de cerca.

Tus pensamientos definen tus emociones

Por eso es la necesidad de continuamente renovar nuestro entendimiento.

Nuestra mente debe estar «ocupada» o «fijada» en Jesús.

No preocupados. La preocupación es resistencia y la resistencia empeora las cosas.

Mientras más pienses en el Señor, más paz tienes.

Ya que sigas la paz (le des prioridad), entonces tendrás bien, verás días buenos

Vuelve ahora en amistad con él, y

tendrás paz; Y por ello te vendrá bien.
Job 22:21

Estar en paz ahora, me quita el miedo del futuro

Considera al íntegro, y mira al justo; Porque hay un final dichoso para el hombre de paz. Salmo 37:37

Sean vuestras costumbres sin avaricia, contentos (o en paz) con lo que tenéis ahora; porque él dijo: No te desampararé, ni te dejaré, de manera que podemos decir confiadamente: El Señor es mi ayudador; no temeré Lo que me pueda hacer el hombre. Heb 13:5,6 (paréntesis mío).

Amado lector, con nuestros pensamientos permaneciendo fijados en Jesús, podemos vivir sumergidos en un ritmo de paz, abundando y creciendo en esa paz cada día más.

Esto trae a nosotros contentamiento, gozo continuo y nos libra del dragón de la prisa, nos libra del miedo al futuro, nos libra de la ansiedad.

MATANDO AL DRAGÓN DE LA PREOCUPACIÓN

Destruyendo el miedo de algo
que no ha acontecido

10

EL PODER DEL AHORA

Cuando hablo de estar en el presente, algunas personas piensan automáticamente en las religiones orientales. Piensan en el zen, el taoísmo y quizá en otras filosofías y disciplinas orientales.

La mayoría de los cristianos rechazarán todo lo que piensen que se relaciona con estas religiones, algunos por temor a caer de la sana doctrina, caer en el error, la idolatría, etc...

Sin embargo, hay principios de vida que fueron enseñados y practicados por el mismo Jesús, que en el fondo tienen algunas similitudes con las creencias de otras religiones y filosofías.

Hemos americanizado el cristianismo. Nuestro «evangelicalismo» ha formado un tipo de cristianismo, que ha hecho que todo lo que proviene de otras culturas sea malo, o al menos no seguro.

Hemos olvidado que el cristianismo vino del oriente —del medio oriente.

Será más fácil entender estos principios de vida cuando estudies los tiempos y la cultura en la que

Jesús fue criado y desarrolló su ministerio.

Además de eso, hay algunos principios de sabiduría de los que Jesús habló que existieron durante miles de años. Por supuesto, Jesús trajo esos principios a una nueva luz. Les trajo revelación y profundidad.

En este, nuestro viaje, los invito a explorar conmigo algunas de estas verdades. Creo que será bendecido y encontrará alegría en medio de las pruebas y los conflictos internos.

De vuelta a El poder del ahora.

Jesús dijo: No te preocupes por el mañana.

> *Así que, no os afanéis por el día de mañana, porque el día de mañana traerá su afán... Mateo 6:34*

Veámoslo en la Nueva Traducción Viviente:

> *Así que no se preocupen por el mañana, porque el día de mañana traerá sus propias preocupaciones. Los problemas del día de hoy son suficientes por hoy.*
> *Mateo 6:34*

No te afanes, o no te preocupes por el mañana.

Preocuparnos, o tener miedo de algo que no ha acontecido pudiera ser la misma definición de «ansiedad».

El diccionario de definiciones dice lo siguiente:

Ansiedad: El concepto de ansiedad tiene su origen en el término latino anxietas. Se trata de la condición de una persona que experimenta una conmoción, intranquilidad, nerviosismo o preocupación[2].

¿Preocupación por qué?

Por algo que no ha sucedido.

Es la anticipación con temor de algo que todavía no sucede.

Lisa Firestone Ph.D. dice que la ansiedad a menudo tiene que ver con el futuro. Ella dice: «Gran parte de nuestra ansiedad es impulsada por la anticipación. La vida nos alimenta una cantidad infinita de incertidumbre que puede incrementar nuestro estrés y ansiedad[3]».

El autor y pastor Wayne Muller, habla de los miembros de una tribu en Sur América.

El cuenta que cuando los miembros de esta tribu se trasladaban de un lugar a otro, estos marchaban por largas distancias y de pronto en cierto momento de la jornada todos de golpe se sentaban en el piso por un rato, y luego resumían su marcha[4].

Cuando se les preguntó por qué después de marchar ciertas distancias todos se paraban de repente, ellos respondieron: «Para esperar a nuestra alma».

Estos creían que cuando marchaban muy a prisa, el alma se quedaba atrás.

Muy interesante. Verdaderamente, esta creencia no tiene apoyo teológico, pero quizá indique lo que sucede cuando apresuramos nuestros pensamientos hacia el futuro.

Cuando nos salimos del presente, y nuestra mente comienza a indagar sobre las cosas que pudieran suceder en el futuro, ciertamente viene intranquilidad —e intranquilidad es una de las definiciones de ansiedad.

Misericordia para un día

La tentación de «preocuparnos por el futuro» puede ser una amenaza presente. Sin embargo, Dios te da nuevas misericordias cada día.

> *...porque nunca decayeron sus misericordias. Nuevas son cada mañana; grande es tu fidelidad. Lam 3:22,23*

Dios te da misericordia para hoy solamente. Por eso, si piensas en cómo enfrentarás mañana con los recursos que tienes hoy en tu mano, sólo te traerá preocupación[5].

Ya Dios te suplió para hoy. Da gracias. Mañana te dará una nueva misericordia.

Necesitamos confiar en «las misericordias de Dios» para hoy.

El futuro está fuera de tu control

Caminar por fe consiste en confiar en un Dios soberano.

Dios tiene control de todas las cosas. Él ha diseñado

aún la salida de tu problema (que está en el futuro) aun antes que el problema comience.

> ...*fiel es Dios, que no os dejará ser tentados más de lo que podéis resistir, sino que dará también juntamente con la tentación la salida, para que podáis soportar. 1 Corintios 10:13*

Note que dice esta traducción que la salida será dada junto con la tentación (en el griego la raíz de la palabra tentación, también se puede traducir prueba).

Es decir, aunque tú no veas la salida de la prueba en que estás, ya Dios la ordenó.

Entonces, no hay necesidad de preocuparnos por el futuro. Solamente tenemos hoy, y Dios nos da para hoy una nueva misericordia.

Conociendo esto, podemos amanecer cada día confiados, y sin la preocupación de mañana, sabiendo que Dios nos ha dado una nueva misericordia para este día.

Usted pudiera decir: «Eso es fácil para usted, y yo trato de no preocuparme por el futuro, pero no lo puede evitar, es algo que está fuera de mi control».

Tiene razón. De hecho, la ansiedad no es solamente preocupación mental, por eso, solamente un proceso mental o auto-asegúrate una verdad, es posible no sea suficiente para salir de la ansiedad por tan poderosa que sea esa verdad, porque en ocasiones, debajo de la ansiedad existen razones médicas. No está sólo en nuestra mente, sino en nuestra química. Inclusive pueden haber razones neurológicas.

Por eso no todas la soluciones son espirituales. En gran parte de los casos se necesita la ayuda médica.

Cuando hablo de buscar ayuda, no solamente me refiero a ayuda espiritual. Si es necesario buscar ayuda médica, no te detengas. Busca ayuda, toda la ayuda que necesites.

También, y aparte de la ayuda médica y profesional, yo creo que la palabra de Dios nos ayuda, a calmar nuestra alma y nuestros pensamiento y encontrar esperanza en medio del estrago.

Mi deseo y oración es que en medio de tu reto y lucha con la ansiedad, encuentres en esta el conducto que te lleva a más intimidad con Dios. Sí, se puede tener gran gozo y la presencia de Dios puede ser muy real en medio de la ansiedad.

MATANDO AL DRAGÓN DE LA PRESIÓN SOCIAL

Destruyendo el miedo al rechazo

11

Aceptos

En un capítulo anterior le mencioné la sabia frase que un día leí de R.T. Kendall[6] que dice así: «la mayor libertad es no tener nada que demostrar».

Los seres humanos tenemos la tendencia de «gastar dinero que no tenemos, comprando cosas que no necesitamos, para impresionar a personas a quienes no les interesa[7]».

Gastamos mucha energía, haciendo cosas para impresionar a los demás. Quizá para obtener reconocimiento, respeto o aceptación.

Algunas de esas cosas tienden a presionarnos mucho. Y, existe el miedo al rechazo. Que alguien pueda reírse o incluso criticar lo que nosotros podríamos ver como un logro. Imagínese el aumento de estrés y ansiedad que esto trae.

Trabajamos para perfeccionar las cosas, debido a los miedos mencionados anteriormente. Nos convertimos en perfeccionistas por miedo.

Entonces esa cosa, ese proyecto, cuando se completa, pasa desapercibido, no produjo los resultados esperados, elogios o incluso ingresos, y usted puede decepcionarse e incluso caer en depresión por un corto tiempo, pero al final, cuando el tiempo pasa y mira hacia atrás, se da cuenta de que todo ese tiempo y energía, la preocupación y el estrés que invirtió en ese proyecto no valió la pena.

Lo que intento decir con todo esto es que «podemos crear las condiciones perfectas para una ansiedad innecesaria».

Aprobación y aceptación

En realidad la única aprobación y aceptación que necesitamos es la que Dios nos puede dar, y Dios ya nos ha aceptado y aprobado tal como somos, antes que hagamos algo.

> *...sino que según fuimos aprobados por Dios para que se nos confiase el evangelio, así hablamos; no como para agradar a los hombres, sino a Dios...*
> *1 Tesalonicenses 2:4*

Si vives tratando de recibir la aprobación de los hombres jamás serás muy feliz. Toma mucha energía seguir tratando de buscar aceptación.

La única aceptación que realmente necesitamos es la de Dios, y ya Él «nos hizo aceptos en el Amado (Efesios 1:6)».

Cuando cambiamos nuestra perspectiva en esto, entonces haremos las cosas con las motivaciones correctas.

Ajuste práctico

Hacer un ajuste práctico en este caso podría significar que no tenemos que tomar todos los proyectos, y cuando decidimos tomar un proyecto, es una buena idea asegurarnos de hacerlo por las razones correctas. No porque queremos impresionar a otros, no porque queremos ganar reconocimiento o respeto.

MATANDO AL DRAGÓN DE RENDIMIENTO

Nuestra seguridad es completamente independiente
de nuestros logros

12

PROCESO EN LUGAR DE LOGROS

Es mejor tomar un proyecto pensando en el proceso, y no tanto en los resultados u objetivos.

Siempre digo que «el proceso trae alegría, las metas traen ansiedad».

Verá, el proceso le llevará al mismo lugar. Sí, debe tener un final en mente (una visión de su producto final), pero no se preocupe demasiado por el final y tenga cuidado con los plazos autoimpuestos. Cuando se concentra en el proceso, llegará al producto final pero sin ansiedad ni estrés.

Posiblemente ya estemos saliendo de lo que fué una generación obsesionada con logros. En los últimos veinte o treinta años hubo un auge en la cantidad de libros y métodos en cuanto a cómo ponernos y conquistar metas, producir resultados, logros.

Esto ha sido parte del énfasis que la generación de los baby boomers puso en el área de producción y rendimiento.

Créame que yo vengo de ese trasfondo, y creo profundamente en trabajar arduamente y ser productivo.

La dedicación al trabajo es un valor saludable y bueno.

Sin embargo, estoy seguro que podemos lograr llegar al mismo fin deseado sin la presión y el estrés que producen algunos de los métodos que se enseñan en cuanto a conquistar metas y producir resultados.

El otro problema es que la presión que hemos puesto en producir resultados es tal, que en muchas ocasiones hemos ligado nuestra identidad a lo que producimos. En otras palabras, corremos el peligro de poder llegar a pensar que valemos lo que producimos.

La presión que nos autoimponemos de «producir» es un enemigo que roba la paz. Tu victoria está en «quien eres» no en «qué produces».

Nuestra identidad no debe reposar en lo que producimos o en el logro de nuestras metas.

Nuestra identidad reposa en el hecho de que Cristo está en nosotros, y ya estámos completos en Él. Nuestra seguridad es completamente independiente de nuestros logros.

> *...y vosotros estáis completos en él, que es la cabeza de todo principado y potestad. Colosenses 2:10*

13

CREA NUEVOS HÁBITOS

Yo creo que aunque sí es importante que tengamos visión clara en cuanto hacia dónde vamos, no debemos poner un énfasis desmedido en las metas*.

En lugar de metas, por qué no pensamos en sistemas, en hábitos, los cuales nos llevarán al mismo lugar con la diferencia que lo haremos sin presión y disfrutaremos más el proceso.

Permítame compartir con usted algunos pensamientos sobre por qué la práctica de crear buenos hábitos es importante para que vivamos una vida mejor, más sencilla y con mayor gozo.

Hábitos en lugar de metas

Establece hábitos en lugar de metas.

Si usted necesita perder 100 libras de peso, esto pudiera crearle mucha presión. ¿Por qué no nos concentramos en sólo perder una pocas libras por ahora?

Podríamos crear algunos hábitos saludables que

con el tiempo produzcan resultados.

Concéntrate en perder una libra y ya que has perdido esa libra, entonces celebra que has manejado bien ese nivel y continúa practicando ese nuevo hábito. Repite el proceso de perder una sola libra.

Pudiera ser un hábito que consiste en comer ciertos tipos de alimentos en lugar de otros, o el hábito de caminar largas distancias.

Mientras practicas este nuevo hábito, será más fácil y eventualmente cosecharás los buenos resultados sin estresarte, sin frustración y sin desánimo.

La idea de nuevos hábitos es no crear altas expectaciones, pero sí un buen ritmo.

«Altas expectaciones traen desánimo» si llegar a la meta comienza a parecer más lento que lo esperado.

Por eso yo digo: «Olvida las metas». Crea más bien un ritmo. Un proceso que te llevará al lugar deseado.

Verás que, mientras caminas por esa senda, comenzarás a amar el proceso.

No lo apures. Para y huele las flores, y antes de que te des cuenta habrás llegado a tu destino. Y arribarás feliz, lleno de gozo y listo para crear tu siguiente aventura.

Hábitos en lugar de resoluciones

Existe un parque cerca de donde vivo. Es interesante que cada año nuevo, los primeros días del año cuando salgo a hacer mi caminata de la mañana en los trillos que están detrás, veo a mucha gente corriendo alrededor del parque —un año pude contar más de 60 personas.

Lo más interesante es que ya para la segunda semana del año, ese número comienza a bajar, y para la tercera semana el número de entusiastas ha bajado a lo usual, o sea a cuatro o cinco corredores, que son los que corren en ese parque el resto del año.

¿Qué pasó con todos los más de sesenta corredores que venían al parque a correr los primeros días del año?

Bueno. Esos son los que comenzaron el año con una lista de nuevas resoluciones.

Es muy curioso ver lo rápido que la gente rompe esas resoluciones de año nuevo, sólo para caer en culpabilidad y desánimo.

Me gustaría mostrarle un camino más excelente.

Olvida las resoluciones de nuevo año. Olvida el ponerte altas metas.

¿Qué pasaría si diseñamos un sistema? Una costumbre. Un modo de vida donde el proceso es la meta.

En lugar de preocuparnos por alcanzar una meta, ¿por qué no nos enfocamos mejor en el gozo de con calma observar la vida alrededor nuestro mientras caminamos la senda de repetir una acción?

De eso se trata la ciencia de crear nuevos hábitos. Se trata de crear un ritmo que nos permita disfrutar la vida alrededor nuestro. Así, mientras nos enfocamos en la cosas que son importantes, aprendemos a separarnos de las distracciones que nos roban el gozo, la paz y el contentamiento.

Creando nuevos hábitos

Yo hablo en detalles en cuanto a cómo crear nuevos hábitos paso por paso en mi libro: *Create 3 New Habits* (inglés), pero quisiera aquí compartir unas palabras sobre el proceso de crear nuevos hábitos.

Sean hábitos referente a productividad, o hábitos saludables que mejoran nuestra vida espiritual, como por ejemplo, crear una vida de oración y continua reflexión en la palabra de Dios, o hábitos que mejoren nuestra salud física; todos consisten en el proceso de repetir disciplinas que con el tiempo se convierten en parte de nuestro ritmo diario.

La repetición de buenas disciplinas producen fruto apacible

> *Es verdad que ninguna disciplina al presente parece ser causa de gozo, sino de tristeza; pero después da fruto apacible de justicia a los que en ella han sido ejercitados. Hebreos 12:11*

*No digo que descarte las metas por completo. Me refiero a la atención desmedida que ponemos a las metas lo cual crea presión. Está bien saber a donde queremos llegar, pero que nuestra atención esté más en el proceso.

14

Di NO a las multitareas

La idea de multitarea (multitasking) se ha convertido hoy en toda una práctica en los centros de trabajo; principalmente porque la información está viajando a gran velocidad y además en tiempo real recibimos comunicación desde diferentes plataformas como: correo electrónico, messenger, teléfono, celular, videoconferencias, fax, redes sociales, etc...

El término multitasking surge de la informática y se relaciona al momento en el que la CPU ejecuta de manera independiente 2 procesos diferentes. Tomando en cuenta esto, podemos decir que multitasking corresponde a la acción de realizar más de una tarea a la vez, siendo «eficientes» y «economizando tiempo».

Sin embargo, los seres humanos no fuimos diseñados para esto.

Paradójicamente a las ventajas profesionales que una persona puede tener por ser multitask, ésta puede acarrearle daños a su memoria y salud, sumado a la baja calidad que podría ofrecer en sus trabajos, debido a que, al estar haciendo varias actividades al mismo tiempo, ninguna de estas tareas se ejecuta con la atención debida.

Investigadores de la Universidad de California (UCLA) descubrieron que el comportamiento multitasking crea una lucha entre dos partes del cerebro.

Al realizar múltiples actividades, se da una batalla entre el hipocampo, que es el encargado de guardar y hacernos recordar información y el telencéfalo, que se encarga de las tareas repetitivas, dando como resultado que al ejecutar diversas tareas se tendrá mayor dificultad para recordar las cosas que se acaban de hacer.

Una persona que sobrecarga su cerebro automáticamente activa respuestas de estrés, libera adrenalina y mantiene al sistema nervioso en un estado de hipervigilancia, provocando problemas de salud y psicológicos.

Los padecimientos relacionados con el estrés y que algunas personas multitareas presentan son: insomnio, ansiedad, dolor de cabeza, gastritis, colitis, irritabilidad, mal humor, tensión muscular, entre otros.

¿Qué se puede hacer para evitar caer en este síndrome?

Desconéctate: Si estás en una reunión importante es imprescindible que te desconectes de cualquier dispositivo electrónico que pueda distraerte, procura enfocar tu atención únicamente en la junta y en el objetivo de ésta.

Yo he creado la costumbre de salir a caminar y dejar mi teléfono celular en la oficina. Sin teléfono, mi atención está en lo que está sucediendo a mi alrededor.

Estoy alerta y disfruto las maravillas de la creación. Tengo la oportunidad de prestar atención a las aves, a la frescura del pasto verde a los lados del camino, etc...

Establece prioridades: Haz una lista de todas las tareas que tengas que realizar y clasifica en importantes y menos importante. Comienza por las primeras. Recuerda la lista de tres cosas que mencioné anteriormente.

Haz una sola cosa a la vez: Recuerda que antes de comenzar con una tarea nueva es indispensable que hayas terminado la que estabas desarrollando antes. Es mejor terminar una actividad con calidad que hacer muchas a la vez y a medias.

Concéntrate: Procura estar alejado de todas las distracciones que puedes tener durante el día, si en tu empresa tienes acceso a las redes sociales, dedica espacios breves y específicos durante el día para revisarlas. Evita estar pendiente de todas las notificaciones que te llegan durante la jornada laboral.

15

Bajando las expectativas

Las altas expectativas crean ansiedad.

Cuando hablo de expectativas, algunos tienden a confundirse. Piensan que estoy diciendo que bajen su nivel de fe, o que dejen de creer por cosas grandes. Pero no es eso lo que estoy diciendo.

Verdaderamente necesitamos vivir por la fe.

> *Porque en el evangelio la justicia de Dios se revela por fe y para fe, como está escrito: Mas el justo por la fe vivirá.*
> *Rom 1:17*

Necesitamos creer a Dios por cosas grandes y buenas en nuestra vida.

Y también necesitamos fortalecer nuestra esperanza. De hecho, «depresión» se pudiera definir como «falta de esperanza».

Los milagros suceden cuando creemos que «para Dios no hay nada imposible», eso es fe, y cuando «esperamos» recibir algo de Él.

Esto lo vemos en el milagro del cojo en la puerta del templo, llamada la Hermosa.

> *Pedro y Juan subían juntos al templo a la hora novena, la de la oración. Y era traído un hombre cojo de nacimiento, a quien ponían cada día a la puerta del templo que se llama la Hermosa, para que pidiese limosna de los que entraban en el templo. Este, cuando vio a Pedro y a Juan que iban a entrar en el templo, les rogaba que le diesen limosna. Pedro, con Juan, fijando en él los ojos, le dijo: Míranos. Entonces él les estuvo atento, esperando recibir de ellos algo. Hch 3:1-5*

Note que dice el texto que el cojo estaba «esperando recibir de ellos algo».

Esta expectación es buena y es motivada por fe, que es «certeza de lo que se espera, la convicción de lo que no se ve (Hebreos 11:1)».

La expectación del cojo activó su fe, y esto junto a la fe de Pedro y Juan, produjo el milagro.

Dios responde a fe y todo milagro comienza con expectación.

Sin embargo cuando hablo de «expectativas», estoy refiriéndome a algo muy diferente.

Me refiero a las expectativas, a veces surrealistas que nos imponemos a nosotros mismos. A veces estas son motivadas por tratar de demostrar algo más allá de lo real cuando la inseguridad y el deseo de aceptación o reconocimiento nos impulsan.

A veces no se trata de nuestras expectaciones, sino de lo que otros esperan de nosotros. A esto se le pudiera llamar «presión social».

La presión de tener que conformarte a un standard.

Por ejemplo, creas un evento para promocionar un producto o impactar la vida de las personas en el caso de una iglesia o evento misionero. Inviertes tiempo y recursos, alquilas varias sillas o un auditorio con una cantidad específica de asientos. Lo promueves y compartes tu visión con los demás. A medida que se acerca la fecha del evento, aumenta la presión.

¿Qué pasa si no viene nadie? ¿Qué les digo a las personas que invirtieron en el proyecto?

A medida que se vincula el éxito del evento con la cantidad de personas que aparecerán (la respuesta), sus expectativas son altas y pueden ser irreales.

¿Qué sucede si no obtiene los resultados esperados?

Probablemente estarás desanimado, frustrado, triste y decepcionado. Eso sin contar la ansiedad que viviste los días previos al evento.

Mi amigo. Hay una mejor manera.

Baja las expectativas.

Eso no es falta de fe o visión. Sólo acepta que el resultado de todo lo que haces está realmente fuera de tu control.

Es mejor concentrarse sólo en el proceso, mejor si es algo que le encanta hacer. No aumente sus expectativas y no haga algo conforme a las expectativas que otros tienen de usted. Cuando se trata de personas, lo que dirán o pensarán, es más saludable no tener expectativas en absoluto.

Las consideraciones, opiniones, elogios o críticas futuras de las personas no deberían estar en la ecuación a la hora de diseñar un proyecto.

Cuando se trata de personas, tengo cero expectativas.

La aceptación, elogios o críticas de otros no son factores determinantes en el proceso de tomar decisiones en ningún proyecto que realizo.

Eso no significa que esté enojado con la gente.

No odies a las personas, porque sólo son humanos, todos enfocados en sus propios intereses.

Ama a todos y al mismo tiempo, no esperes nada, bueno o malo.

Si hay algunos buenos comentarios al final del proyecto, bueno, gracias. Si algunas sugerencias constructivas, bien. Si alguna crítica, está bien. No esperaba nada, así que no me afecta nada, positivo o negativo.

Cuando estás reposado en la voluntad de Dios y te mueves dentro de Su paz, un proyecto es algo que se disfruta. Los resultados finales están en las manos de Dios, y éxito no se mide conforme a la expectación de los hombres.

Noé predicó por 120 años y nadie le hizo caso. Al final sólo fue salvo él y su familia.

¿Se imagina que comienza usted una iglesia y después de 120 años pastoreando, los únicos miembros son 8 personas incluyéndose usted, y todos son familia?

Conforme a las expectaciones de los hombres quizá no haya tenido éxito, ¿pero qué conforme a Dios? ¿No tuvo éxito Noé?

Ciertamente es contado entre los héroes de la fe.

> *Por la fe Noé, cuando fue advertido por Dios acerca de cosas que aún no se veían, con temor preparó el arca en que su casa se salvase; y por esa fe condenó al mundo, y fue hecho heredero de la justicia que viene por la fe. Hebreos 11:7*

Elimine hoy toda expectativa que produce estrés y ansiedad en su vida. Camine en el ritmo de gracia y paz que Dios ha diseñado para usted. Eso produce gozo y tranquilidad de espíritu.

DISCIPLINAS Y RITUALES

En esta última parte de este libro, quisiera tomar principios y verdades que ya hemos tocado antes y aplicarlos al diario vivir.

Lejos del ruido, ¿cuál es el mínimo necesario de aquellos hábitos y prácticas, disciplinas y rituales que aplicados al caminar diario, me permiten permanecer en un ritmo de paz y contentamiento, libre de la prisa y los efectos de la ansiedad?

Estas son para mí las cosas más importantes.

16

LA SUMA DE TODO

Examinadlo todo; retened lo bueno.
1 Tesalonicenses 5:21

Quizá mucha de las cosas que he escrito dentro de capítulos anteriores, no apliquen directamente a tu vida. Por ejemplo. Cosas que toqué en el área de rendimiento pueden ser muy útiles para personas ocupadas dentro de la empresa, en posiciones ejecutivas, o en personas que desarrollan algún tipo de labor creativa —profesiones donde existe mucho estrés y por ende altos niveles de ansiedad.

Puede que trabajes en una profesión donde estas cosas no aplican. Sin embargo hay presiones en la vida que nos afectan a casi todos, como proveer para una familia, criar hijos pequeños, cuidar a familiares ancianos o enfermos, etc...

Mi consejo entonces es que tomes los principios que aplican directamente tu vida, anótalos y medita en ello. Pon más atención a aquello que te puede ayudar.

Aparte de los consejos que son espirituales, para los cuáles cité textos Bíblicos, existen prácticas sencillas que pueden ayudar con la ansiedad, por ejemplo, hacer ejercicios, tener una saludable alimentación, dormir las horas necesarias, alejarme de personas conflictivas, etc...

A veces la suma de varios ajustes pequeños forman un solución, entonces prestemos atención a todas estas cosas, como dice Pablo: «Examinadlo todo; retened lo bueno».

Yo diría, retened la suma de todo lo bueno.

Ayuda profesional

En más de una ocasión durante el libro he dejado claro que estoy a favor de buscar ayuda profesional.

La ansiedad no es en todos el resultado de presiones o desajustes espirituales.

Muchas veces, nuestras emociones pueden haber sido dañadas de tal manera que necesitemos ayuda profesional —alguien capacitado que camine con nosotros y nos aconseje para ayudarnos a salir adelante.

Un profesional pudiera ser un psicólogo, un psiquiatra, o un terapista certificado.

Aparte de emociones dañadas, a veces la ansiedad puede tener razones químicas o genéticas.

A veces pueden haber desajustes en ciertas químicas en nuestras neuronas, o algo heredado de nuestros antepasados. De hecho, se han realizado estudios que indican que ciertos grupos que comparten ciertos tipos de ADN son más dados a la depresión y la ansiedad que otros[8][9][10].

Medicamentos

¿Está bien que un cristiano tome medicamentos para la ansiedad?

Aunque parezca ridículo, este tipo de preguntas todavía es hecha en conferencias y reuniones cristianas.

La respuesta es: Sí. Sí está bien que un cristiano tome medicamentos para la ansiedad, siempre que sean recetados por un Doctor especializado en esta rama de la medicina.

Por mucho tiempo ha existido un estigma en cuanto a las enfermedades de la mente.

Eso está cambiando rápidamente, pero es necesario que la duda sea aclarada aún aquí.

Conozco buenos cristianos —algunos aún ministros— que sirven a Dios y toman medicamentos para la ansiedad o la depresión. Estos llevan una vida normal en tranquilidad y gozo.

Claro que Dios te puede sanar sobrenaturalmente, pero Dios también usa a los médicos. Él es el creador de las plantas y sustancias que se usan para producir dichos medicamentos.

Entonces, si necesita buscar ayuda médica, hágalo.

Es la suma de todas las cosas que le pueden ayudar lo que al final hará la diferencia.

17

Simplicidad

De manera práctica, soy testigo de que una vida sencilla es buena medicina para la ansiedad.

Tener una vida congestionada de cosas, obligaciones, responsabilidades, compromisos, puede llegar a ser una vida tan agitada y estresada que se convierte directamente en una invitación a la ansiedad.

Hace un tiempo atrás, una señora me dijo que estaba muy estresada y tenía mucha ansiedad porque su ropero tenía tanta ropa y tantos zapatos que le costaba mucho trabajo encontrar algo cuando lo necesitaba.

La solución a ese problema es sencilla —le respondí. Seleccione las prendas de ropa y zapatos que verdaderamente necesita, apártelos —añadí— y regale todo lo otro.

Esto le causó mucho disgusto a la señora, pues quería retener todas las cosas.

Me recordó al joven rico (Lucas 18:18—25).

Este en una ocasión le preguntó a Jesús: «Maestro bueno, ¿qué haré para heredar la vida eterna?».

Jesús le dijo que guardara los mandamientos y el

joven le respondió: «Todo esto lo he guardado desde mi juventud». Entonces Jesús le dijo: «...vende todo lo que tienes, y dalo a los pobres, y tendrás tesoro en el cielo; y ven, sígueme».

¿Y cuál fue la respuesta?

Dice la Biblia: «Entonces él, oyendo esto, se puso muy triste, porque era muy rico».

A veces queremos retener y abarcar mucho. La avaricia nos hace que tengamos una vida llena de cosas que no nos hacen felices, por el contrario nos aumente el estrés y —como en el caso del joven rico— al final nos traigan mucha tristeza.

> *Hay quienes reparten, y les es añadido más; Y hay quienes retienen más de lo que es justo, pero vienen a pobreza.*
> *Proverbios 11:24*

Simplificar trae contentamiento

Cuando simplificas, no sólo experimentas el gozo de dar y bendecir a otros, a la vez recibes la paz de acumular menos.

> *Sean vuestras costumbres sin avaricia, contentos con lo que tenéis ahora; porque él dijo: No te desampararé, ni te dejaré...*
> *Hebreos 13:5*

Una vida despejada de cosas es una vida sencilla, donde tienes tiempo para lo que verdaderamente es importante.

En mi vida, el acto de simplificar todo ha sido un proceso que ha tomado tiempo.

Comencé por simplificar mi día de trabajo.

En tiempos anteriores, solía levantarme en la mañana con una inmensa lista de cosas que tenía que completar antes que el día terminara. Tenía que cumplir con compromisos a los que ya había dado mi palabra. Sabiendo el valor de cumplir con todo lo prometido, me esforzaba hasta el agotamiento para quedar bien.

Mi palabra hoy en día tiene el mismo valor. Si doy mi palabra en algún asunto, es seguro que la voy a cumplir —sigo creyendo que un hombre es tan bueno como su palabra. Entonces esto no ha cambiado en mi.

Lo que sí ha cambiado es que hoy en día me comprometo a menos cosas. He aprendido a decir que no.

Mejor es que no prometas, y no que prometas y no cumplas. Eclesiastés 5:5

Hoy en día, selecciono con mucho cuidado a qué le voy a dedicar mi tiempo. Qué batallas voy a pelear.

También tengo cuidado en cuanto a qué voy a poner en mi lista de tareas diarias. Anteriormente le hablé de mi lista de tres cosas.

No sólo agendo menos cosas en mi día de trabajo, también agendo mis recesos.

Cada vez que completo una tarea, grande o pequeña, me tomo un tiempo para celebrar. Me voy a caminar, tomar aire, sentarme debajo de un árbol por unos minutos.

De esta forma he creado un ritmo de descanso y trabajo que evita todo desgaste y mantiene mi mente refrescada y libre de presiones.

Mi filosofía de simplificar se ha extendido a otras áreas de mi vida.

Hoy en día simplifico mis alimentos. Digiero mucha menos cantidad de alimentos que antes, y pongo énfasis en la calidad —en cosas nutritivas.

Mi ropero está simplificado. No necesito tanta ropa.

En tiempos pasados, llegué a acumular una cantidad de corbatas y trajes. Muchas de estas corbatas y trajes fueron regalos. Hoy en día y por el hecho de que solo uso traje y corbata en ciertas ocasiones especiales, no me es necesario tener tantos.

He aprendido a regalar lo que a mi otros me regalan. Esto es práctico, pues puedo ser un canal de bendición para otros.

Mi manera de vivir se ha simplificado. Aún cuando estudio, trato de tomar conceptos complicados y simplificarlos, de manera que los pueda recordar fácilmente, y cuando los entrego a otros lo pueda hacer con claridad y sin enredos.

Si usted visita mi página de web, notará que aunque contiene una gran librería de recursos y contenido, el diseño y la navegación son simplificados con una estructura minimalista.

Pudiera seguir nombrando las áreas de mi vida que he logrado simplificar —quizá pudiera escribir un libro sólo de éstas— pero la idea central creo que usted ya la comprende.

Hay paz y contentamiento en la simplicidad.

> *Pero gran ganancia es la piedad acompañada de contentamiento; porque nada hemos traído a este mundo, y sin duda nada podremos sacar. Así que, teniendo sustento y abrigo, estemos contentos con esto. 1 Timoteo 6:6—8*

Me gusta este dicho del gran filósofo griego.

> *Belleza de estilo y armonía y gracia y buen ritmo depende de simplicidad.*
> *—Platón*

18

GRATITUD

La gratitud es la más sana de todas las emociones humanas. Cuanto más expreses gratitud por lo que tienes, más probabilidades hay de que tendrás más por lo cual expresar gratitud. —Zig Ziglar

Regresando al texto que ya mencioné anteriormente pero que dejé pendiente hablar de la última parte hasta este momento.

Por nada estéis afanosos, sino sean conocidas vuestras peticiones delante de Dios en toda oración y ruego, con acción de gracias. Filipenses 4:6

Como dije anteriormente, la palabra «afanosos» se traduce «ansiosos» en otras traducciones.

La NKJV dice: "Be anxious for nothing..." que se traduciría: «Por nada estéis ansiosos...».

Si Dios te dice que «por nada estéis ansiosos», esto significa que es algo que se puede lograr. Dios no te va a pedir que hagas algo que no pudieras hacer.

Entonces, vivir sin ansiedad es algo alcanzable.

Luego, dice el texto que le lleves tu preocupación a Dios en oración, y que lo hagas «con agradecimiento». Dice así: «sino sean conocidas vuestras peticiones delante de Dios en toda oración y ruego, con acción de gracias».

En el último capítulo hablaré más de la oración, pero quiero ahora tocar esta parte del texto que a menudo pasamos por alto.

Se nos hace fácil decirle a alguien que tiene necesidad «ponte a orar». Sin embargo, en este texto la oración no viene sola, viene acompañada de la gratitud, «sean conocidas vuestras peticiones delante de Dios en toda oración y ruego, con acción de gracias».

¿Qué es gratitud?

Primero debo decir que «la gratitud es algo que se practica».

De hecho la Biblia le llama: «Acción de gracias», lo que indica claramente que es una acción.

Note en Colosenses como Pablo otra vez liga la oración al agradecimiento.

> *Perseverad en la oración, velando en ella*
> *con acción de gracias... Colosenses 4:2*

Agradecimiento no es una opción o un lujo. La

palabra de Dios nos manda a que seamos agradecidos.

> *Y la paz de Dios gobierne en vuestros*
> *corazones, a la que asimismo fuisteis*
> *llamados en un solo cuerpo; y sed*
> *agradecidos. Colosenses 3:15*

¿Por qué la gratitud trae tranquilidad y contentamiento?

Aún los psicólogos dicen que gratitud y felicidad están conectados. A lo que ellos llaman felicidad, yo llamaría contentamiento.

George Keith Chesterton, (a menudo conocido como GK Chesterton) es un prolífico escritor, poeta y filósofo inglés que acuñó la frase: «Yo mantendría que dar gracias es la forma más elevada de pensamiento, y que la gratitud es felicidad maravillosamente duplicada[11]».

Chesterton toma la actitud de que agradecer o mostrar gratitud por lo que sea que esté haciendo es fundamental para ser feliz. Además, aprecia todo lo que tienes, o no tienes nada en absoluto. En resumen: no dé nada por sentado[12].

Esto es sencillo de explicar.

Cuando inviertes tiempo pensando en lo que no tienes y necesitas obtener, tu mente se traslada hacia el futuro, automáticamente levantando los niveles de estrés y ansiedad. Esto lleva a la angustia y el descontento.

Por otro lado, cuando practicas gratitud, le estás dando gracias a Dios por las cosas que ya tienes, lo que Él ya ha hecho en tu vida, por las cosas buenas que te rodean. Esto automáticamente te trae al presente, al estado donde «no necesitamos nada», un estado de contentamiento.

Practicando gratitud

Escribe todas aquellas cosas por las que estás agradecido.

Un experto mundial en la arena de todo lo relacionado a gratitud es el Dr. Robert Emmons, profesor de psicología en la Universidad de California, Davis.

En un estudio[13] en el año 2003, publicado en el Journal of Personality and Social Psychology, el Dr. Emmons y su colega Michael McCullough de la Universidad de Miami examinaron los efectos de escribir diarios de gratitud en casi 200 estudiantes universitarios.

Los estudiantes fueron divididos en tres grupos, y cada grupo escribió 10 diarios semanales enfocados en (1) gratitud (bendiciones), (2) molestias y disgustos, y (3) eventos neutrales.

A los del grupo de gratitud se les dijo:

«Hay muchas cosas en nuestras vidas, grandes y pequeñas, de las que podríamos estar agradecidos. Piensa en la semana pasada y escribe ... hasta cinco cosas en tu vida por las que estés agradecido».

Al final de las 10 semanas, los que se encontraban en la condición de gratitud informaron que se sentían más positivos acerca de sus vidas en general, más optimistas sobre la próxima semana, y pasaban más tiempo haciendo ejercicio.

Estos condujeron otros segundo y tercer estudios aumentando la frecuencia en que los participantes escribían.

Estos concluyeron que al los participantes centrarse en las bendiciones de la vida, esto redujo la preocupación y la angustia que mantienen a las personas despiertas por la noche.

En resumen, escribir diarios de gratitud suele ser beneficioso pase lo que pase.

Expresa las cosas por las que estás agradecido.

Una cosa es pensar algo, otra cosa es expresarlo.

En las mañanas temprano, acostumbro a tomar un tiempo para darle gracias a Dios por todo.

Le doy gracias a Dios por mi familia, la salud y las pruebas. También le doy gracias a Dios por la ciudad donde vivo.

Amo esta ciudad. He viajado intensamente nuestra América Latina, y me gustan muchas de las ciudades donde he estado, pero regresar a San Diego produce en mí un efecto muy especial.

Cuando estoy en San Diego, le doy gracias a Dios en voz alta. Si salgo con mi esposa en la mañana a algún asunto, al comenzar a conducir comienzo en voz alta a agradecer a Dios por este privilegio de vivir aquí.

Tengo la costumbre de parar todo lo que estoy haciendo durante el día y tomar tiempo para practicar gratitud. Aún por las cosas pequeñas. Si me tomo una taza de café, doy gracias. Si me siento por 5 minutos debajo de un árbol, doy gracias. Por el aire que respiro, por el paisaje, por tener el tiempo para hacerlo lo cual es una gran bendición.

Te insto a que practiques gratitud.

Si tienes unos minutos a la hora de la merienda, da gracias. Medita en todas las cosas que Dios ha hecho en tu vida. Da gracias por ese momento específicamente.

Verás que tus niveles de contentamiento van a subir.

Se agradecido por otros.

Cuando somos agradecidos por otros, estamos dejando de pensar en nosotros. No sólo nos hace bien, también les hace bien a ellos —especialmente si les expresas lo agradecido que estás por sus vidas.

Mire como lo pratica Pablo.

> *Gracias doy a mi Dios siempre por vosotros, por la gracia de Dios que os fue dada en Cristo Jesús; 1 Corintios 1:4*

> *Primeramente doy gracias a mi Dios mediante Jesucristo con respecto a todos vosotros Romanos 1:8*

Gracias doy a mi Dios siempre por vosotros, por la gracia de Dios que os fue dada en Cristo Jesús 1 Corintios 1:4

...no ceso de dar gracias por vosotros, haciendo memoria de vosotros en mis oraciones Efesios 1:16

Doy gracias a mi Dios siempre que me acuerdo de vosotros Filipenses 1:3

Siempre orando por vosotros, damos gracias a Dios, Padre de nuestro Señor Jesucristo, Colosenses 1:3

Damos siempre gracias a Dios por todos vosotros, haciendo memoria de vosotros en nuestras oraciones... 1 Tesalonicenses 1:2

Doy gracias a mi Dios, haciendo siempre memoria de ti en mis oraciones... Filemón 1:4

19

Lectura y oración

Cuando hablamos de disciplinas cristianas siempre incluimos leer la Biblia y orar. Este es el sermón que más oímos de la boca del pastor. Ora y lee la Biblia.

Sin embargo hay mucho que hablar sobre el tema y mucho que aprender en cuanto a cómo la lectura y la oración son bálsamos para la ansiedad.

La lectura

Mire lo que Pablo le aconseja a su hijo espiritual.

> *Entre tanto que voy, ocúpate en la lectura, la exhortación y la enseñanza.*
> *1 Timoteo 4:13*

Ocúpate de la lectura —antes que de la exhortación y la enseñanza.

La exhortación se pudiera interpretar como la predicación inspiracional. Aquél que cuando habla motiva, inspira y mueve a otros.

La enseñanza tiene más que ver con la exégesis

que involucra una interpretación crítica y completa de un texto.

Antes de poder predicar o enseñar, Pablo aconseja a Timoteo que se ocupe de la lectura.

Entonces (como dije antes), si paz puede ser multiplicada por medio del conocimiento de Dios (2 Pedro 1:2). La manera más perfecta de conocer a Dios y por ende multiplicar nuestra paz, es por medio de leer lo que Él dice en Su palabra.

Hay métodos que podemos adoptar en nuestra costumbre de leer la Biblia.

Por ejemplo. La *Asociación Billy Graham* aconseja el siguiente método[14]:

- En primer lugar, lea cada día un capítulo del evangelio de Juan. El libro de Juan es el cuarto libro del Nuevo Testamento y le ayudará a comprender lo que Jesús hizo por nosotros y las razones por las que debemos creer en Él. (La Biblia, por lo general, tiene un índice de libros).
- En segundo lugar, lea el libro de los Hechos donde se registra la emocionante historia de cómo los primeros discípulos de Jesucristo le hablaron a otros de su muerte y resurrección.
- En tercer lugar, lea las cartas que los apóstoles de Jesucristo escribieron a los primeros seguidores, los cuales eran nuevos en la fe. Estas cartas abarcan desde el libro de Romanos hasta 3 de Juan.

- Y en cuarto lugar, regrese y lea uno de los otros tres evangelios: Mateo, Marcos o Lucas.

Aunque este consejo parece estar enfocado más a nuevos creyentes, puede ser muy útil.

Existen varios métodos para leer la Biblia. No soy muy partidario de los métodos de leer la Biblia en un año. Para nuevos creyentes pudiera convertirse en una especie de obligación —una imposición con la que se tiene que cumplir— y no creo que sea este el enfoque correcto.

Además, estarías leyendo el Antiguo Testamento antes de comprender bien de qué se trata el Nuevo Pacto, y estoy pudiera producir en nuevos creyentes una confusión entre ley y gracia.

Yo aconsejaría que comience por el Nuevo Testamento.

El Nuevo Testamento encarna y engulle todo lo que estaba en el Antiguo Testamento. Resume el contenido del Antiguo Testamento y nos lleva a la plenitud de la revelación de Dios a la humanidad. Entonces debes pasar más tiempo estudiando el Nuevo Testamento porque explica el Antiguo Testamento.

No se sienta presionado por completar cierta cantidad de textos. Avance a su propio paso. Lo importante es asimilar lo que está leyendo.

Presento al final de este capítulo información sobre la *Guía para leer y entender la Biblia: Sin prisa, sin presión y con buen ritmo*. Sin embargo, usted puede con el tiempo ir desarrollando su propio sistema.

La oración

Dejé el tema de la oración para lo último porque creo que es el más importante de todos.

Como el Señor en la bodas de Caná. El mejor vino para lo último (Jn 2:1—10).

Regresemos al texto.

> *Por nada estéis afanosos, sino sean conocidas vuestras peticiones delante de Dios en toda oración y ruego, con acción de gracias. Filipenses 4:6*

Esto es lo primero y lo más importante. Traerle nuestra ansiedad a Dios en oración. ¿Por qué?

Porque Él ha prometido que tendrá cuidado de nosotros.

> *...echando toda vuestra ansiedad sobre él, porque él tiene cuidado de vosotros. 1 Pedro 5:7*

Él ha prometido que tendrá cuidado de nosotros, entonces lo que está de nuestra parte es traer nuestra ansiedad a Él.

Pero no paremos ahí.

Hagamos de la oración una práctica continua,

diaria, de manera que podamos permanecer en un ritmo de comunión con Dios.

¿Cómo podemos hacer esto?

Aunque Dios te escucha, aún cuando haces una oración corta —y es importante hacer oraciones cortas— cuando conduces tu auto, cuando caminas, a la hora de tu receso en el trabajo, etc... también es importante crear la disciplina de apartar un tiempo sólo para la oración, en un lugar donde hay quietud.

Yo creo que la quietud y el silencio son importantes para hablar con Dios y para que Él nos hable.

¿Cómo se comunica Dios con nosotros?

Dios se comunica con su pueblo de muchas maneras: Su palabra, el Espíritu Santo (Juan 14: 15-31), sueños (Génesis 37), visiones (Génesis 15), su voz (Éxodo 4), una zarza ardiente (Éxodo 3), un burro parlante (Números 22), y a través de Sus mensajeros los ángeles (Lucas 1).

Pedro, Pablo y Juan tuvieron experiencias personales de oración:

- La visión de Pedro descrita en Hechos 10: 9-16
- Pablo relata haber sido llevado al tercer cielo (2 Corintios 12: 2-4)
- La experiencia de Juan que nos trajo el último libro de la Biblia (Apocalipsis 1:9)

Quizá la forma en que escuchamos de Dios es menos importante que la idea de que Él se comunica con nosotros a través de Su palabra y otros medios. Las experiencias fuera de la Biblia deben ser probadas contra lo que sabemos de Su carácter y lo que se afirma en Su palabra. Si el mensaje entra en conflicto con Su palabra o carácter, el mensaje no es de Dios.

> *Jesucristo es el mismo ayer, hoy y siempre... Hebreos 13:8*

La oración junto a la meditación Bíblica

El autor y pastor Tim Keller[15] defiende la oración con meditación entrecruzando teología, experiencia y oración. Keller dice: «La mediación bíblica significa primero pensar tu teología, trabajar en tu teología y orar tu teología». Continúa diciendo que si haces esas cosas, «tu teología se entrelazará con tu experiencia».

¿Cómo orar y meditar Bíblicamente?

Comienza por la lectura meditativa

1- Encuentra un lugar tranquilo y cómodo para leer y orar, un lugar libre de interrupciones o distracciones. Tal como lo hizo Jesús cuando se retiró de las multitudes para orar (Marcos 1:35).

> *Mas tú, cuando ores, entra en tu aposento, y cerrada la puerta, ora a tu Padre que está en secreto; y tu Padre*

que ve en lo secreto te recompensará en público. Mateo 6:6

2- Elige el contenido, pasaje o capítulo de la Biblia donde estás estudiando y alimenta tu alma con la palabra que estás leyendo. Usa tu concordancia para encontrar versículos similares o que se relacionan. Aplica lo que lees preguntando: «¿Cómo aplica este texto a mi vida o situación?».

Escudriñad las Escrituras; porque a vosotros os parece que en ellas tenéis la vida eterna; y ellas son las que dan testimonio de mí... Juan 5:39

3- Léelo, piensa y reflexiona, despacio y con calma.

Estudia constantemente este libro de instrucción. Medita en él de día y de noche para asegurarte de obedecer todo lo que allí está escrito. Solamente entonces prosperarás y te irá bien en todo lo que hagas. Josué 1:8 (NTV)

Habla con Dios

4- Habla con Dios en tus propias palabras, sencillamente. No uses vanas repeticiones.

Y orando, no uséis vanas repeticiones... Mateo 6:7

5- Ora en el nombre de Jesús.

Y todo lo que pidiereis al Padre en mi nombre, lo haré, para que el Padre sea glorificado en el Hijo. Juan 14:13

6- Ora con humildad en el conocimiento de quién es Dios y quién eres tú.

Y cuando ores, no seas como los hipócritas; porque ellos aman el orar en pie en las sinagogas y en las esquinas de las calles, para ser vistos de los hombres... Mateo 6:5

7- Expresa en tu oración agradecimiento. Ora con acción de gracias.

Entrad por sus puertas con acción de gracias... Salmos 100:4

...en toda oración y ruego, con acción de gracias. Filipenses 4:6

8- Permite que lo que lees pase de la cabeza al corazón.

Quédate quieto, haz silencio, sólo sé. Espera.

Guarda silencio ante Jehová, y espera en él. Salmos 37:7

Recuerda que la escrituras revelan a Jesús. En tu

tiempo de oración y meditación en su palabra, Jesús es el centro.

Mantén tu mente y pensamientos en Jesús. Él te guarda en completa paz cuando tu mente está en Él.

> *Tú guardarás en completa paz a aquel cuyo pensamiento en ti persevera; porque en ti ha confiado. Isaías 26:3*

A medida que practicas la oración en tu diario vivir, notarás una transformación en tu vida. Su paz —que sobrepasa todo entendimiento te cubrirá más y más.

Vemos de nuevo el orden.

> *Por nada estéis afanosos, sino sean conocidas vuestras peticiones delante de Dios en toda oración y ruego, con acción de gracias. Y la paz de Dios, que sobrepasa todo entendimiento, guardará vuestros corazones y vuestros pensamientos en Cristo Jesús. Filipenses 4:6,7*

Ese es el orden. En lugar de quedarnos en ansiedad, hagamos conocer nuestras peticiones delante de Dios en toda oración y ruego, con agradecimiento. Entonces Él promete que la paz que sobrepasa todo entendimiento guardará tu corazón.

En esa paz, no hay preocupación que te pueda

disturbar. En medio de esa paz desaparece el miedo. Es una paz sobrenatural, que quizá no se pueda explicar, pero es real.

Como dije anteriormente, Dios ha usado la ansiedad para acercarme a Él y poder conocerle mejor —cada día más.

Es mi oración que tu lucha con la ansiedad haya servido para traerte aquí, a los pies de la cruz. Donde Jesus te ha estado esperando con los brazos abiertos para tomar todas tus cargas y darte paz y contentamiento.

Recuerda sus palabras.

> *...porque mi yugo es fácil, y ligera mi carga. Mateo 11:30*

¿QUÉ SIGUE?

Este volumen es parte de la serie *Matando a los dragones: Venciendo la ansiedad*, y a continuación le presento los otros libros donde tocamos cada una de la áreas donde podemos crecer, de manera que añadiendo el conjunto de todo a nuestro estilo de vida, podamos vivir completamente victoriosos sobre la ansiedad, caminando en un continuo ritmo de paz y contentamiento.

Lentitud Deliberada: De la ansiedad que produce la prisa a la paz que sobrepasa todo entendimiento

La ansiedad tiene que ver con el futuro. Con algo que no ha sucedido. Ésta nos presiona a ir más rápido de lo que es natural.

Sea la inexplicable urgencia interior que nos impulsa a andar de prisa, o la presión externa que viene de la sociedad —aquellos que nos rodean— la prisa nos sacará del presente, robando de nosotros toda tranquilidad.

En mi victoria sobre la ansiedad, una de las cosas más importantes que he aprendido en el proceso, ha sido la eliminación de toda prisa en mi diario vivir.

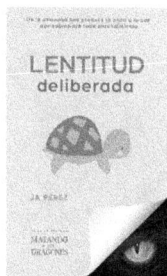

Entendiendo y Conquistando la Ansiedad

La ansiedad para mí ha sido una lucha de toda la vida —hasta que comencé a entenderla.

No puedes conquistar un enemigo que no entiendes.

En este sencillo volumen, mi objetivo es ayudarle a encontrar respuestas, caminar con usted y juntos descubrir aquellas cosas que antes no se veían con claridad. De manera que podamos entender de dónde viene esa ansiedad que ha afligido su vida, y cómo Dios puede usar esa aflicción como un instrumento que le lleve a descubrir Su Paz — la paz que sobrepasa todo entendimiento.

Disciplinas Esenciales para Vencer la Ansiedad

Lo contrario a la ansiedad es paz y contentamiento.

Paz es tranquilidad. Cuando tu espíritu está reposado, libre de temores, prisa, intranquilidad.

Eso es felicidad —cuando estamos contentos en el estado presente. Separados de ambiciones, preocupaciones o presiones externas —contentos con lo que tenéis ahora (Heb 13:5).

En este sencillo volumen, presento un número de disciplinas. Estas son prácticas que nos permiten crecer en la paz que el Señor ya nos ha dado —la paz que sobrepasa todo entendimiento.

Guía para Leer y Entender la Biblia: Sin prisa, sin presión y con buen ritmo

Esta guía para leer y entender la palabra de Dios forma parte de esta serie, y el objetivo principal de la misma es simplificar la lectura de manera que podamos disfrutar y comprender más lo que leemos sin la presión de tener que completar una cantidad de textos diarios.

Es mi oración que esta guía sea de ayuda a su vida y que Dios la use para traerle a un ritmo de continua paz —la paz que sobrepasa todo entendimiento.

Más información sobre esta serie y otros recursos relacionados en: **japerez.com/ansiedad**

Notas:

1. R. T. Kendall «la mayor libertad es no tener nada que demostrar».

R. T. Kendall: Total Forgiveness, Totally Forgiving Ourselves, Totally Forgiving God. ISBN: 9781473682603 John Murray Press, 2018.

2. Definición de ansiedad. https://definicion.de/ansiedad/ (Capturado Enero 24, 2020).

3. 5 Truths about Anxiety to Help You Stay Present. To stop anxiety, we have to stop our minds from time traveling. Lisa Firestone Ph.D. https://www.psychologytoday.com/us/ blog/compassion-matters/201807/5-truths-about-anxiety-help-you-stay-present (Capturado Febrero 14, 2020).

4. Wayne Muller, Sabbath (New York: Batam Books, 1999), p. 70.

5. Mercy for Today by John Piper Sacado de Solid Joy Daily Devotionals by John Piper Devotional for April 16 © 2015 Desiring God.

6. R. T. Kendall «la mayor libertad es no tener nada que demostrar».

R. T. Kendall: Total Forgiveness, Totally Forgiving Ourselves, Totally Forgiving God. ISBN: 9781473682603 John Murray Press, 2018.

7. Frase inspirada por un artículo publicado en 1928 por Robert Quillen. Originalmente:

«Americanism: Using money you haven't earned to buy things you don't need to impress people you don't like.» 1928 June 4, The Detroit Free Press, Paragraphs by Robert Quillen, Quote Page 6, Column 4, Detroit, Michigan. (Newspapers_com).

8. Genetics Factors in Major Depression Disease. Maria Shadrina, Elena A. Bondarenko,* and Petr A.

Slominsky   https://www.ncbi.nlm.nih.gov/pmc/articles/ PMC6065213/ (Capturado Febrero 11, 2020).

9. Genes and Treatment for Depression and Anxiety

Doctor Daniel Pine estimates that approximately 30-50% of the risk for anxiety and depression is genetic. Genetic treatments are an exciting area of research currently. https://dnalc.cshl. edu/view/2293-Genes-and-Treatment-for-Depression-and-Anxiety.html (Capturado Febrero 11, 2020).

10. Major Depression and Genetics

By: Douglas F. Levinson, M.D., Walter E. Nichols, M.D. Professor in the School of Medicine.

Department of Psychiatry and Behavioral Sciences http:// med.stanford.edu/depressiongenetics/mddandgenes.html (Capturado Febrero 11, 2020).

11. Sacasas, 2010. The Science and Research on Gratitude and Happiness. Erika Stoerkel, MSc. https:// positivepsychology.com/gratitude-happiness-research/ (Capturado Febrero 12, 2020).

12. Taylor, 2014. The Science and Research on Gratitude and Happiness. Erika Stoerkel, MSc. https:// positivepsychology.com/gratitude-happiness-research/ (Capturado Febrero 12, 2020).

13. How Gratitude Leads to a Happier Life: The benefits of being grateful and how to harness them. Melanie Greenberg Ph.D https://www.psychologytoday.com/us/ blog/the-mindful-self-express/201511/how-gratitude-leads-happier-life (Capturado Febrero 12, 2020).

14. Como Leer y Entender la Biblia March 27, 2019 https:// billygraham.org/espanol/como-leer-y-entender-la-biblia/ (Capturado Febrero 13, 2020).

15. Keller on Quiet Times, Mysticism, and the Priceless Payoff of Prayer. October 21, 2014

https://www.thegospelcoalition.org/article/tim-keller-on-prayer/ (Capturado Febrero 13, 2020).

TRASFONDO

JA Pérez

Escritor, humanitario y precursor de movimientos de cosecha en América Latina.

Ha escrito libros en varios géneros, como teología, escatología, liderazgo, y sobre temas para la familia y los retos de la vida cotidiana.

Además, sostiene conferencias para líderes donde asiste a intelectuales, así como a iletrados, en la adquisición de destrezas esenciales y soluciones pragmáticas para comunicar esperanza con valentía en entornos complejos, y a veces hostiles.

Sus concentraciones masivas y misiones humanitarias han atraído grandes multitudes durante años.

Él, su esposa y sus tres hijos, viven en un suburbio de San Diego en California, desde donde se coordinan todos los proyectos de la asociación que lleva su nombre.

OTROS LIBROS
por JA Pérez

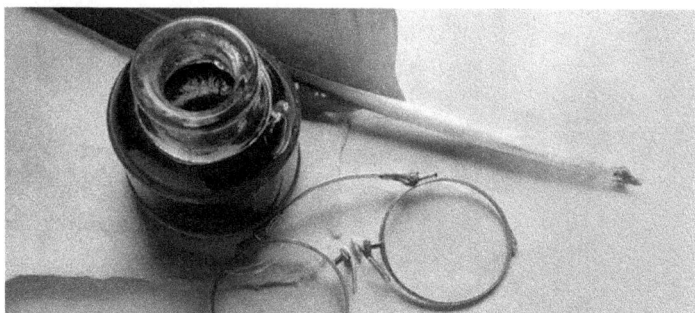

JA Pérez ha escrito varios
libros y manuales de
entrenamiento. Todos sus
libros están disponibles en
Amazon.com así como
en librerías y tiendas
mundialmente. Libros
con temas para la familia,
empresa, liderazgo,
cconomía, profecía bíblica,
devocionales, inspiracionales,
evangelismo y teología.

Varios Temas

Ficción

Crecimiento Espiritual, Teología, Principios de Vida y Relaciones

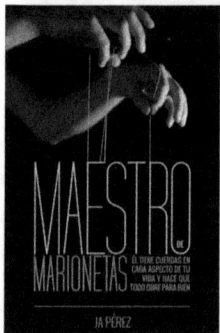

JESÚS
pregunta

JA PÉREZ

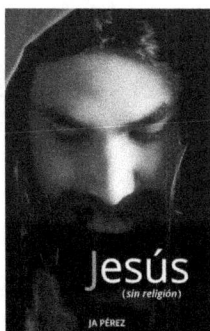

Jesús
(sin religión)

JA PÉREZ

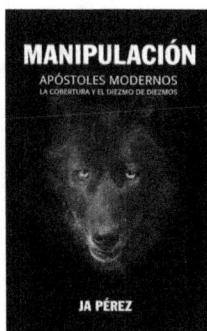

MANIPULACIÓN
APÓSTOLES MODERNOS
LA COBERTURA Y EL DIEZMO DE DIEZMOS

JA PÉREZ

POETAS,
PROFETAS,
Y OTROS
CON IMA-
GINACIÓN

las 12
MARCAS del
DISCIPULO

JA PÉREZ

100

J.A. PÉREZ

Finanzas

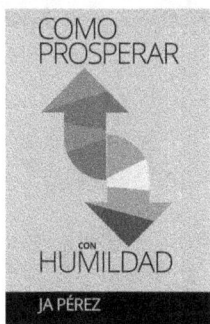

COMO
PROSPERAR

CON
HUMILDAD

JA PÉREZ

GANADO
PLATA
Y ORO

LAS 40 REGLAS ESPIRITUALES
ESENCIALES PARA EL
DESARROLLO EMPRESARIAL

JA PÉREZ

Profecía Bíblica

40
PROFECÍAS
CUMPLIDAS

J.A. PÉREZ

EL
FIN

ESTADO PROFÉTICO DE LAS NACIONES

J.A. PÉREZ

Liderazgo
Empresa, Gobierno y Diplomacia

LIDERAZGO
IRREVOCABLE

JA PÉREZ

LIDERAZGO
INTELIGENTE

JA PÉREZ

LIDERAZGO
y CONSORCIOS

JA PÉREZ

LIDERAZGO
y GOBIERNOS

JA PÉREZ

LIDERAZGO
PRODUCTIVO

JA PÉREZ

LIDERAZGO
y CAPITAL INFLUYENTE

JA PÉREZ

LIDERAZGO
INSPIRACIONAL

JA PÉREZ

LIDERAZGO
TRANSPARENTE

JA PÉREZ

LIDERAZGO
y SISTEMAS

JA PÉREZ

LIDERAZGO
y DESARROLLOS

JA PÉREZ

LIDERAZGO
INVISIBLE

JA PÉREZ

LIDERAZGO
y LEGADO

JA PÉREZ

Evangelismo y Misiones

Discipulado para Nuevos Creyentes y Estudios de Grupos

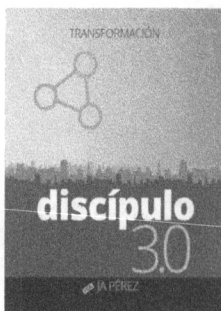

TRANSFORMACIÓN

discípulo 3.0

JA PÉREZ

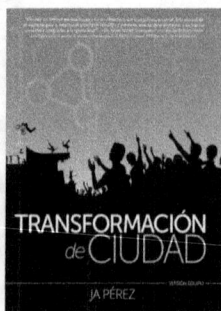

TRANSFORMACIÓN de CIUDAD

JA PÉREZ

JUNTOS XEL CONTINENTE

JA PÉREZ

JUNTOS XEL CONTINENTE
VERSIÓN: PASTORES

JA PÉREZ

COMO COMPARTIR LAS BUENAS NOTICIAS

JA PÉREZ

Cosecha

EVANGELISMO EFECTIVO

JORGE ARMANDO PÉREZ VENÁNCIO

JA PÉREZ

Festivales y Concentraciones

Juntos | Concejo Internacional

AHORA que estoy en CRISTO

JA PÉREZ

Festivales y Concentraciones

Juntos | En la Jornada

Festivales y Concentraciones

Juntos | En la Cosecha

JUNTOS

Crecimiento
Inspiración y Creatividad

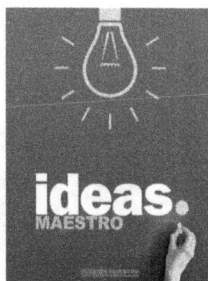

ideas.
JA PÉREZ EN CONFERENCIA PARA EMPRESARIOS, LÍDERES Y AQUELLOS QUE PIENSAN...

ideas.
MAESTRO

100 DÍAS de MILAGROS
JA PÉREZ

GRACIA SOBERANA
SU SACRIFICIO *fue* SUFICIENTE
JA PÉREZ

Clásicos
Vida cristiana, familia y relaciones.

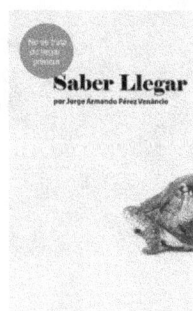

LA CIENCIA DEL POBRE
Jorge Armando Pérez VENANCIO

LAS REGLAS QUE RECLAMAN LA ABUNDANCIA
JORGE ARMANDO PÉREZ VENANCIO

Lecciones de un viejo PROFETA mentiroso
Jorge Armando Pérez Venancio

EL FIN de TODA JACTANCIA
EXALTANDO LA COMPLETA OBRA DE JESUCRISTO

Las Suegras
7
Jorge Armando Pérez Venancio

Saber Llegar
por Jorge Armando Pérez Venancio

CONTACTE /SIGA AL AUTOR

Blog personal y redes sociales

japerez.com

@porJAPerez

facebook.com/porJAPerez

Asociación JA Pérez

japerez.org

TISBITA

HOUSE

www.ingramcontent.com/pod-product-compliance
Lightning Source LLC
Chambersburg PA
CBHW070807280326
41934CB00012B/3099